本书受国家资助博士后研究人员计划C档（项目编号：GZC20233102）、
中国石油大学（北京）科研基金（项目编号：ZX20230273）资助

基于同群效应的企业
创新投资行为传导机理研究

宋广蕊　马春爱／著

西南财经大学出版社

中国·成都

图书在版编目(CIP)数据

基于同群效应的企业创新投资行为传导机理研究/宋广蕊,马春爱著.--成都:西南财经大学出版社,2025.2.--ISBN 978-7-5504-6204-5

Ⅰ.F279.23

中国国家版本馆 CIP 数据核字第 20255U18U0 号

基于同群效应的企业创新投资行为传导机理研究

JIYU TONGQUN XIAOYING DE QIYE CHUANGXIN TOUZI XINGWEI CHUANDAO JILI YANJIU

宋广蕊　马春爱　著

责任编辑:周晓琬

责任校对:邓克虎

封面设计:墨创文化

责任印制:朱曼丽

出版发行	西南财经大学出版社(四川省成都市光华村街55号)
网　　址	http://cbs.swufe.edu.cn
电子邮件	bookcj@swufe.edu.cn
邮政编码	610074
电　　话	028-87353785
照　　排	四川胜翔数码印务设计有限公司
印　　刷	成都市新都华兴印务有限公司
成品尺寸	170 mm×240 mm
印　　张	11.25
字　　数	209 千字
版　　次	2025 年 2 月第 1 版
印　　次	2025 年 2 月第 1 次印刷
书　　号	ISBN 978-7-5504-6204-5
定　　价	68.00 元

前　言

　　本书将社会心理学领域的同群效应引入企业创新投资行为的研究中，试图从同群效应的角度探索企业之间创新投资行为传导的内在机理和经济后果。研究内容主要包括：①探索并检验了企业创新投资行为同群效应的存在性及传导规律；②构建并验证了同群效应下企业创新投资行为的传导路径模型；③探究了社会网络关系对同群效应下企业创新投资行为传导路径的影响效应；④检验了创新投资行为同群效应促进企业创新的效果。本书的研究价值在于：利用同群效应推动企业创新是将社会发展的创新需求内化为企业的自愿行为，属于温和的外部干预，这不仅有助于节省巨额的政策成本和减少不可预见的政策阻力，而且更容易被企业认可和接受。在当下国家落实创新驱动发展战略的关键时点，本书对企业加强创新投资决策管理以及政府设计有效机制引导企业群体创新投资行为具有重要意义。

　　本书主要研究成果及研究结论可归纳为以下四点：

　　第一，企业创新投资行为存在同群效应且遵从"先内后外律"和"下降律"。同一行业内，企业之间创新投资行为能够相互影响与带动，存在同群效应。创新投资行为传导遵从"下降律"和"先内后外律"。"下降律"体现为规模较小和研发水平较低的企业创新投资行为更容易被同群企业带动；"先内后外律"体现为同一产权性质的企业之间创新投资行为的同群效应更为显著。从信息传递的角度来看，焦点企业处于信息劣势地位或同群企业信息披露质量越高，创新投资行为同群效应越显著。

　　第二，同群效应下企业创新投资行为传导路径表现为"同群企业创新投资行为→焦点企业管理者创新注意力→焦点企业创新投资行为"。管理者创新注意力作为一个关键节点，在企业创新投资传导过程中发挥中介效应，是连接同群企业和焦点企业创新投资行为的桥梁，同群企业通过这一关键节点对焦点企业创新投资行为产生带动作用。焦点企业管理者能力越高、管理者权力越大、行业竞争程度越高、行业技术要求水平越高，则焦点企业管理者创新注意力在企业创新投资行为传导路径中发挥的中介效应越显著。

第三，社会网络关系对同群效应下企业创新投资行为传导路径具有调节效应。企业社会网络关系中的连锁关系和人情关系对企业创新投资传导路径具有调节效应，体现在强化焦点企业管理者创新注意力中介效应的发挥上。二者均能够通过拓展企业信息获取渠道来调节"同群企业创新投资行为→焦点企业管理者创新注意力"路径；同时，连锁关系有助于企业获取和利用创新资源，促进管理者将创新注意力转化为实际的创新投资行为，从而调节"焦点企业管理者创新注意力→焦点企业创新投资行为"路径。

第四，创新投资行为同群效应促进了企业创新"增量提质"。创新投资同群效应能够促进企业创新数量增加及创新质量提高，对创新经验不足和获得政府创新补贴较少的企业的促进作用更为显著，体现出微观层面内部经验补充机制和宏观层面创新激励政策补充机制。从行业和宏观经济角度来看，行业竞争程度越高、经济政策不确定性水平越高，创新投资同群效应促进企业创新"增量提质"作用越显著。

宋广蕊　马春爱

2024 年 8 月

目　录

1 绪论

1.1 研究背景及意义

1.1.1 研究背景

科技兴则民族兴，科技强则国家强。党的二十大报告提出"坚持创新在我国现代化建设全局中的核心地位"，并强调"强化企业科技创新主体地位，发挥科技型骨干企业引领支撑作用"。一方面，肯定了创新是实现我国高水平科技自立自强的必要手段，是促成我国进入创新型国家前列的有力保障；另一方面，突出了企业这一微观创新主体在推动科技创新、落实国家创新驱动发展战略中的重要作用。在加快推进科技自立自强的进程中，着力提升企业创新实力，加强基础研究和自主创新，是不断推进经济高质量发展的动力之源，是全面建成社会主义现代化强国的必由之路。

落实创新驱动发展战略，一方面要鼓励企业走中国特色自主创新道路，另一方面则要充分重视企业之间创新投资的相互影响与带动作用。Ben-Zion 和 Fixler（1981）曾提及，除产品需求和创新成本外，影响企业创新决策的推动因素还包括其他企业的创新行为[1]。创新具有开放性和流动性。在开放式的创新环境下，企业创新所形成的新技术和新知识会产生溢出效应。与厂房、设备等固定资产投资不同，创新投资以无形资产为载体，形成的新技术和新知识在一定程度上体现出准公共品特性，具有技术创新扩散的外部性特征[2]。在自主研发的基础上，企业可以通过相互学习以及吸收溢出的技术和知识来提升自身的创新能力。企业之间创新的相互影响与带动是促进企业技术进步、提高企业生产率的重要路径。技术追随企业通过学习和吸收技术领先企业外溢的技术和知识，可以加快提升创新能力[3]，降低自主创新投资失败的风险。同时，企业之间创新投资的相互影响与带动作用可以凸显创新投资的规模经济效应。随着技术和知识的吸收与转化，企业技术进步的商业化效率能够有效提高，形成创新规模优势，提高社会整体收益。

据统计，2021 年我国全社会研发支出规模为 2.8 万亿元，较上一年增加 14.6%，占国内生产总值的比重为 2.44%（数据来源于中国经济金融研究数据库①）。整体来看，我国创新投资体现出良好的增长水平。具体到行业层面，以我国 A 股上市公司为例，2021 年计算机、通信和其他电子设备制造业行业整体研发投入较上一年增加 21.9%，该行业中研发投入较上一年有所增加的企业数占 75.6%；2021 年专用设备制造业行业整体研发投入较上一年增加 35.3%，该行业中研发投入较上一年有所增加的企业数占 72.5%（数据通过对 CSMAR 数据库中企业研发投入数据整理所得）。这一现象表明，企业创新投资具有明显的行业趋同性，即同一行业内大多数企业的创新投资变动方向一致。

企业创新投资的行业趋同性在一定程度上可以解释为同群效应。社会心理学认为，个体因与处于各种社会关系中的群体发生相互作用，其行为或决策会受到具有相似特征的群体的影响，从而表现出与群体内其他个体行为或决策趋同的倾向，这一现象被称作同群效应[4]。"近朱者赤，近墨者黑"即为同群效应的一种体现。根据信息不对称理论，个体获取的信息是有差异的，信息掌握的多寡影响未来决策的确定性，为降低不确定性风险，个体会对某些群体产生认同[5]。除个体自身特征和外部环境外，同群效应更关注"同群者"的影响，将个体行为或决策的影响因素指向特定群体内个体之间的交互作用。同群效应在教育、就业、生育等社会学领域受到广泛关注，并逐渐延伸到经济和公司金融领域。已有研究表明，企业投资、资本结构、股利分配、高管薪酬等财务行为存在同群效应[6-9]。企业创新投资行为具有高风险性特征，投资结果的不确定性使企业高度关注和学习同群企业的表现，因而具备同群效应产生的基础。

不断提升自主创新能力、建设创新型国家已经成为我国国家发展战略的共识，作为微观主体的企业则是其中的核心环节。为此，本书立足于国家创新驱动发展的战略背景，探索微观企业主体创新投资行为的相互影响

---

① 中国经济金融研究数据库简称 CSMAR 数据库。

作用及经济后果。将社会心理学领域的同群效应引入企业创新投资行为的研究，探究同群企业这一特殊的外部因素对企业创新投资行为的影响与带动效果。在确定企业创新投资行为存在同群效应的基础上，深入挖掘同群效应下企业创新投资行为传导的关键节点并刻画创新投资行为传导的具体路径。同时，将企业置于其所处的社会网络，探究社会网络关系对同群效应下企业创新投资行为传导路径的影响。最后，针对企业在创新投资环节互动影响所形成的同群效应，考察其在创新产出环节的经济后果。

1.1.2　研究意义

立足于国家创新驱动发展战略背景，本书旨在从同群效应的角度探索微观企业主体之间创新投资行为的相互依存状态、具体影响路径及产生的经济后果，具有以下研究意义。

（1）理论意义

本书将社会心理学领域的同群效应引入企业创新投资行为研究，其理论意义体现为：首先，本书丰富了企业创新投资行为影响因素的研究。从同群效应的角度研究企业创新投资行为的互动影响，检验了企业创新投资行为的相互依存状态，除企业外部环境因素和微观自身因素之外，同群企业的影响成为一个独特的视角，可为提高企业创新投资水平提供理论参考。其次，本书发现了管理者注意力在企业创新投资行为传导过程中的重要价值。基于高阶梯队理论和注意力基础观，抽象出创新投资行为传导过程的关键节点及重要影响因素，形成"同群企业创新投资行为→焦点企业管理者创新注意力→焦点企业创新投资行为"这一中介传导路径，明确了管理者创新注意力在企业创新投资互动中的关键作用。再次，本书厘清了社会网络关系对企业创新投资行为传导路径的影响效果。基于嵌入性理论，将企业嵌入多种社会网络关系，探究了社会网络所具有的信息和资源优势对企业创新投资传导路径的影响作用。最后，本书深化了企业创新投资行为同群效应的研究价值。在探究企业创新投资行为同群效应存在性和传导路径的基础上，将研究链条进一步向后延伸，考察创新投资环节的同群效应在创新产出环节的经济后果，明确了企业创新投资行为同群效应的研究价值。

（2）实践意义

本书从同群效应的角度对企业创新投资行为传导机理和经济后果进行

了系统研究，从微观企业层面为国家创新驱动发展战略的有效落地和实施提供了政策参考。同时，该研究有利于营造良好创新生态，提升国家创新体系整体效能，建立推动企业创新发展的有效机制。第一，从同群互动的视角理解企业创新投资行为特征，利用同群效应有助于将社会发展的创新需求内化为企业的自愿行为，将企业创新投资行为的互动影响作为激发企业创新活力的着力点。第二，将企业创新投资行为回归到管理者决策，进一步强调管理者在企业创新投资行为传导过程中的关键作用，通过合理配置管理者创新注意力，发挥管理者在创新投资决策中的重要价值，将管理者作为企业开展创新活动的关键点。第三，调动社会网络关系为企业带来的信息和资源效应，合理利用网络关系治理机制，拓宽创新投资信息和资源获取渠道，将维护社会网络关系作为营造企业创新投资氛围的突破点。第四，充分发挥创新投资同群效应在微观层面的研发经验补充机制和宏观层面的创新激励政策补充机制，助力研发经验匮乏和未受创新政策倾斜的企业创新"增量提质"，将同群效应作为企业经验学习和创新激励政策的补充手段。

1.2 关键概念界定

本书在研究过程中涉及多个关键概念，如创新投资行为、同群效应、管理者创新注意力、社会网络关系等，为增强本书的可理解性和可读性，本部分对相关核心概念进行界定和说明。

（1）创新投资行为

Schumpeter（1912）首先提出了创新这一概念，认为创新是"建立一种新的生产函数"，并将创新视为推动经济内生增长的主要要素[10]。通过生产条件与生产要素的组合，他将创新划分为五种类型：开发新产品（产品创新）、运用新的生产方法或流程（工艺创新）、开拓新的产品销售市场（市场创新）、寻找新的原材料或半成品供应来源（资源配置创新）和构建新的组织形式（组织创新）。企业作为创新的主力军，直接创造经济价值，同时直接面对市场，能够敏锐地洞察市场需求的变化，并通过创新活动予以响应，最终以创新产品或服务在市场上实现创新的价值[11]。因此，本书所指创新投资行为主要围绕企业产品创新展开。在各项创新要素中，创新投资作为技术进步和技术创新的直接推动因素，其重要性越来越突出。企业创新活动不确定性较高，在经历复杂且高风险的创新过程后，创新产出可能无法直接体现企业的创新意图，而创新投资行为是企业可控并能够体现企业意图的，所以本书主要考察企业创新投资行为的特征。

（2）同群效应

同群效应（peer effect）的研究起源于社会心理学领域，指个体因与处于各种社会关系中的群体发生相互作用，其行为或决策会受到具有相似特征的群体的影响，通过群体内个体间交叉互动而产生社会学习[12]。同群效应产生的根源在于决策的不确定性和决策者的有限理性。信息不对称理论认为市场参与者的信息获取程度不同，在难以获得完备信息的情况下，经济行为的不确定性将会更高。为减少决策中的不确定性，具有有限理性的决策者可能会模仿或学习群体中其他个体的决策，进而使得群体内各主体的决策趋同。同群效应体现出个体在面临市场选择时，所做出的决策并非完全独立，而是会参考所处群体中其他个体的决策，从而影响自身的行为。近年来，同群效应的研究逐步延伸至经济和企业管理领域，相关文献通常将企业财务决策同群效应视为在行业、地区等一定可比范围内，企业财务决策的内生互动过程，企业间财务决策相互影响，从而表现出趋同的特征[7,13-15]。

（3）管理者创新注意力

Simon（1947）首次在管理学中引入注意力这一概念，他认为管理者决策的关键在于如何有效地配置其注意力[16]。从内容角度来看，注意力可以解释为管理者制定决策时占据管理者意识的重要刺激因素[17]；从过程角度来看，注意力是管理者将有限的信息处理能力配置在与决策相关的影响因素的过程[18]。Ocasio（1997）在 Simon（1947）的基础上对注意力的表述进行了延伸，将注意力定义为决策者对议题和答案的关注、编码、解释以及集中投入时间和精力的过程。其中，议题指基于对环境的理解而需要分析和解决的问题、机会和威胁等；答案指可供选择的行动方案，如建议、惯例、计划、项目和流程等[19]。注意力基础观将企业视为注意力配置系统，在这个系统中，管理者的认知和行动取决于管理者所处的特定环境。作为一种稀缺资源，管理者注意力会被配置在与决策相关的特定信息上，并对管理者权衡进一步决策产生重要影响[20]。本书参考 Chen et al.（2015）和吴建祖等（2016）对管理者创新注意力的定义[21-22]，将管理者创新注意力界定为管理者在创新相关的问题和解决方式上对注意力配置力度的大小。对于企业创新投资行为而言，管理者对同群企业的关注即为其创新注意力的一种体现，同群企业创新投资相关信息在一定程度上可以对管理者认知产生刺激，引起管理者创新注意力的配置。

（4）社会网络关系

社会网络关系是个体基于某些社会关系而形成的相对稳定的网络系统[23]。企业是所处社会网络中的一个结点，通过网络中的各种关系，企业与网络中的其他结点产生联系。企业社会网络关系涵盖企业和客户、供应商、银行、媒体等多重关系，其中，以连锁董事和连锁股东为代表的连锁关系，以及管理者通过校友和老乡建立起来的人情关系是企业社会网络关系的重要内容。根据高阶梯队理论，通过董事兼任和股东同时持股多家企业所形成的管理连锁关系和投资连锁关系可对管理者创新投资决策进行干预，管理者之间基于学缘或地缘而形成的校友关系和老乡关系也可对管理者创新投资决策产生影响。具有连锁关系和人情关系的企业之间联系更为紧密，能够通过共享或合作强化企业之间信息和资源的传递，对企业创新信息交流和资源获取具有更强的促进效应。因此，本书从企业社会网络关系中抽选出对企业创新投资决策产生重要影响的连锁关系和人情关系，考察以这两类关系为代表的社会网络关系在企业创新投资行为传导过程中的具体作用。

1.3 研究内容及方法

1.3.1 研究内容

处于各种社会关系中的具有相似特征的个体之间能够发生相互作用并形成同群效应，群体内某一个体的行为或决策会受到其周围同群者行为或决策的影响。本书基于国家实施创新驱动发展战略的背景，将同群效应引入企业创新投资行为研究中，探索微观企业主体之间创新投资行为的相互影响作用、内在影响路径及产生的经济后果。研究内容可归纳为以下四个方面。

（1）检验企业创新投资行为同群效应的存在性及内在规律

企业所处的环境信息化和网络化特征愈加突出，进而导致企业的财务决策并不是完全独立的，同行业企业间往往存在着创新投资行为互动。创新投资行为的这种互动影响与同群效应的特征相契合。因此，本书试图探究：①企业之间创新投资行为是否存在相互影响与带动进而形成同群效应；②如果企业创新投资行为存在同群效应，那么具有何种传导规律或方向；③从信息传递视角看，基于企业信息势位或信息披露质量的创新投资行为同群效应是否具有差异性表现。这些问题的探讨有助于进一步明晰企业之间创新投资行为的相互依存状态。

（2）探索并刻画同群效应下企业创新投资行为的传导路径

本书将在创新投资行为同群效应存在性的基础上，研究企业之间创新投资行为的传导路径。首先，管理者是企业创新投资的重要决策者，其行为意向对于企业是否跟从同群企业的投资行为有重要影响，管理者注意力在企业战略决策中至关重要，本书将探究同群效应下管理者创新注意力在企业创新投资行为传导过程中的中介作用，对该问题的深入分析有助于把握企业之间创新投资行为传导的关键节点。其次，管理者特征和行业特征对企业创新投资行为具有差异性影响，本书将进一步基于管理者特征和行业特征考察管理者创新注意力在创新投资传导过程中的中介效应效度差异。

（3）探究社会网络关系对同群效应下企业创新投资行为传导路径的影响

企业之间的社会网络可以提高信息交流速度和资源获取效率。连锁董事和连锁股东所形成的连锁关系及管理者通过校友和老乡所形成的人情关系是企业社会网络关系的重要内容，连锁关系和人情关系对企业创新信息交流和资源获取具有更强的促进作用，可对管理者创新投资决策产生影响。本书结合社会网络关系相关理论，从焦点企业信息和资源获取渠道视角入手，探索以连锁董事和连锁股东为代表的连锁关系，以及以校友关系和老乡关系为代表的人情关系，对同群效应下企业创新投资行为传导路径是否具有调节效应以及调节的作用点。

（4）考察企业创新投资行为同群效应的经济后果

创新投资同群效应在创新产出环节产生何种经济后果和发挥何种作用机制才有助于深化创新投资同群效应的研究价值？首先，本书将探索创新投资同群效应是否有助于企业增加创新数量以及提高创新质量，以厘清企业之间创新投资环节的相互影响与带动在创新产出环节的效果。其次，探究创新投资同群效应在增加企业创新数量及提高创新质量的过程中，在微观层面和宏观层面所发挥的具体作用。最后，进行异质性分析，检验不同行业竞争程度和经济政策不确定性水平下创新投资同群效应对企业创新数量和创新质量的影响存在何种差异。

1.3.2 研究方法

本书采用的主要研究方法有如下几种。

（1）文献研究法

围绕本书的研究主题，借助中国知网、Emerald 管理学、ScienceDirect、Web of Science 等国内外文献数据库以及谷歌学术、百度学术等网络文献搜索渠道，对企业创新投资行为、同群效应、管理者创新注意力、社会网络关系等领域内的经典理论和重要文献进行检索和梳理。在对文献归类和分析后，发现将同群效应应用于企业创新投资行为的研究中仍然存在值得进一步探究的学术空白点，同时基于相关领域研究现状，提炼出本书的研究方向、具体研究问题、研究的创新之处，并最终形成本书的研究框架。

（2）归纳演绎法

在文献阅读的基础上，结合信息不对称理论、组织学习理论、高阶梯队理论、注意力基础观和嵌入性理论等，进行归纳总结和逻辑推演。通过归纳演绎，洞悉企业创新投资行为同群效应存在的内在逻辑和传导规律，厘清同群效应下企业创新投资行为的传导路径和关键传导节点，以及社会网络关系在企业创新投资行为传导过程中的重要作用，并进一步明晰企业创新投资行为同群效应的经济后果。一方面，从理论上明确本书的研究意义和研究可行性；另一方面，严密推导出本书的研究假设，提升相关理论的应用价值。

（3）实证研究法

结合本书的理论分析和研究假设，采用多种方法进行实证检验。实证分析过程中所涉及的一些关键或重要方法主要包括：

①同群企业识别方法。如何辨识、选用科学标准确定合理的同群企业是本书的研究基础和重要问题。在关于同群效应的研究中，同群企业的界定通常依据与研究对象行为表现相似的群体特征进行划分。本书认为，企业创新投资行为具有明显的行业特征，因此，以行业为标准界定同群企业，在已有研究的基础上，采用同行业中其他企业创新投资均值度量同群

企业的创新投资行为，并考虑到创新投资在行业内传导需要一个过程，将同群企业创新投资行为指标滞后一期。

②管理者创新注意力测度方法。为了更为稳健的测度管理者创新注意力，本书采用了两种不同的方法：一是考虑到管理者注意力会外化在其行为偏好上，从而设计多个指标从多角度反映管理者与创新投资相关的偏好（主要应用于第4章）；二是采用文本分析法，以年报"经营情况讨论与分析"中"未来展望"部分作为高管创新注意力变量的原始文本分析材料，运用Python软件的"Jieba"分词模块计算每个样本企业与创新相关的关键词字数占"未来展望"部分文本总字数之比，以此作为管理者创新注意力的度量指标（主要应用于第5章）。同时，本书对两种方法互相进行了稳健性检验，所得结论一致，表明这两种测度管理者创新注意力的方法是可取的。

③传导路径模型构建方法。创新投资行为的传导是一个复杂过程，如何将过程中的核心因素和主要路径抽象出具体模型并完成检验，是需要妥善解决的一个技术难题。本书的解决思路是抽象出那些对传导过程具有阻断能力的关键环节设计成中介变量，形成概念模型，随后采取适当方法进行实证检验。具体来看，企业传递的创新投资相关信息需要企业管理者去辨识和筛选，在此基础上企业管理者产生创新注意力，进而影响企业创新投资决策，因此在企业之间创新投资行为传导过程中，管理者创新注意力具有阻断或延续作用，本书将其设置为中介变量。考虑到结构方程模型能够清晰地刻画变量间的影响路径，因此，本书构建结构方程模型用于同群效应下企业创新投资行为传导路径检验，同时，用三步判定中介效应的标准进行路径的稳健性检验，并判断中介变量发挥的是完全中介效应还是部分中介效应。

④内生性问题的解决方法。研究同群效应主要考察的是群体行为是否影响到个体行为，同时该个体是群体的其中一个部分，内生性问题不可避免。考虑到同群效应研究中的内生性问题主要来自反向因果关系，本书首先将同群企业创新投资变量滞后一期，以解决反向因果关系引起的内生性问题。同时，以同群企业股票特质收益率作为同群企业创新投资行为的工具变量来排除行业创新投资共识或宏观政策冲击对企业创新投资行为的影响，以此解决行业共同因素造成的内生性问题。此外，本书还采用Heckman二阶段法来解决样本选择偏差造成的内生性问题。

1.4　研究思路及结构安排

1.4.1　研究思路

本书研究思路如下：第一，系统梳理企业创新投资、同群效应、管理者注意力、社会网络关系等领域的理论和文献，奠定本书的理论基础，并掌握相关领域的研究现状；第二，检验企业创新投资行为同群效应的存在性并探究企业之间创新投资行为的传导规律；第三，抽象出对同群企业创新投资行为传导过程具有阻断能力的关键环节（管理者创新注意力），并将其设计成中介变量，以刻画同群效应下企业创新投资行为的传导路径；第四，从创新投资信息和资源获取渠道角度出发，将企业置于所处的社会网络，鉴于社会网络关系中的连锁关系和人情关系可以对企业管理者决策产生重要影响，因此着重考察连锁关系和人情关系对企业创新投资行为传导路径的影响效果；第五，探究创新投资行为同群效应对企业创新数量和创新质量的经济后果及作用机制，进一步深化企业创新投资行为同群效应的研究价值。

1.4.2　结构安排

本书共 7 章。第 1 章为绪论，主要介绍本书的研究背景及意义、关键概念、研究内容与研究方法和研究思路与结构安排。第 2 章为理论基础与文献综述，对研究中涉及的信息不对称理论、组织学习理论、高阶梯队理论、注意力基础观和嵌入性理论进行梳理，并对企业创新投资行为影响因素、财务决策同群效应、管理者注意力和企业间社会网络关系相关文献进行回顾和评析。第 3 章至第 6 章为本书的核心章节，采用纵向递进式的研究思路，核心章节的结构安排为：第 3 章主要检验企业创新投资行为同群效应的存在性和传导规律；第 4 章主要刻画同群效应下企业创新投资行为的传导路径；第 5 章主要探索社会网络关系对同群效应下企业创新投资行为传导路径的影响；第 6 章主要探究企业创新投资行为同群效应在创新产出环节的经济后果。第 7 章为总结与展望，主要阐述本书的研究结论、政策启示、研究局限及未来研究展望。研究框架和技术路线如图 1.1 所示。

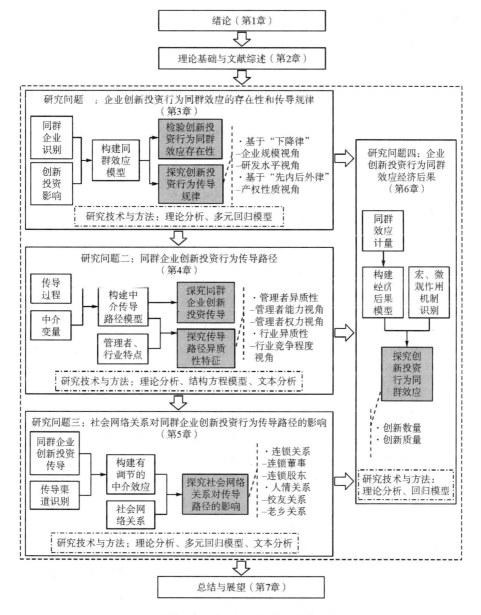

图 1.1 研究框架与技术路线

2 理论基础与文献综述

2.1 理论基础

2.1.1 信息不对称理论

（1）信息不对称的内涵

起源于 20 世纪初的有效市场假说理想化地认为市场中的信息是及时、准确和充分的，市场参与者均能无差别地获取同质信息，并且无须付出额外的信息获取成本。随着信息经济学的逐渐发展，人们发现，现实交易中信息搜集和处理会耗费大量成本，各市场参与者所掌握的信息并不完全相同[24]。信息获取的多寡会影响参与者在市场中的地位。获取较多信息的一方处于信息优势地位，更容易根据已掌握的信息来谋求自身利益最大化；而获取信息相对匮乏的一方则处于信息劣势，由于难以获得完备信息，经济行为不确定性更高。信息获取程度不同而导致市场参与者行为差异的现象即为信息不对称（information asymmetry）现象。

（2）信息不对称理论的起源

诺贝尔经济学奖得主 Akerlof、Spence 和 Stiglitz 三位经济学家分别从产品市场、劳动力市场和金融市场领域系统阐述了信息不对称引发的诸多不合理现象，成为信息不对称理论的奠定者。Akerlof（1970）开创了研究信息不对称问题的先河[25]，他分析了二手车交易市场中买卖双方的信息不对称问题，认为二手车交易中卖方往往比买方掌握更多的与车辆质量相关的信息，卖方为促成交易会选择性地隐瞒车辆质量的负面信息，买方因处于信息劣势通常会根据市场上二手车的平均质量来制定支付价格。这便导致处于信息优势地位的卖方将质量较差的二手车出售给买方。买方支付的价格越低，卖方出售的二手车质量也随之更低，从而使得质量好的二手车退出市场，这就产生了"柠檬市场"和逆向选择问题。随后，Spence（1974）以劳动力市场为研究对象，他发现为了缓解能力弱的求职者将能力强的求职者驱逐出应聘市场这一逆向选择问题，处于信息优势地位的求职者可以向处于信息劣势地位的招聘部门发出市场信号，从而以信息传递的方式解决招聘市场中的信息不对称问题[26]。Stiglitz（1985）研究了金融市场中的信息不对称问题，他认为市场中的参与者未能充分掌握资产价值信息，因而由信息不对称产生了利益冲突，在此基础上提出了规避金融市场成为"柠檬市场"的信息甄别模型，该模型通过设计两类保单甄别客户的风险信息[27]。

（3）缓解信息不对称的途径

信息不对称会导致逆向选择和道德风险。逆向选择是指市场中具有信息优势的一方为谋求利益通常会操纵或隐瞒信息，使信息劣势一方难以做出合理决策，进而引发价格扭曲，出现劣质产品驱逐优质产品的现象。道德风险通常指合同签订之后，具有信息优势的一方为满足自身利益最大化而损害信息劣势一方利益的行为。逆向选择和道德风险都会导致市场效率降低[28]。为减少信息不对称带来的负面影响，学者们从多个方面提出了缓解信息不对称的应对方案。例如，引入商业性担保机构、政策性担保机构或向金融机构提供抵押品来缓解信贷市场中的信息不对称[25,29-30]，注重董事关系网络投资可以通过降低信息不对称缓解企业融资约束[31]，提高会计信息形式质量可以改善会计信息披露环境进而缓解企业和会计信息使用者之间的信息不对称[32]，强化管理层盈余预测和进行关键审计事项披露可以缓解资本市场信息不对称[33-34]。

2.1.2 组织学习理论

（1）组织学习的内涵

组织学习（organization learning）这一概念最早出现在 March 和 Simon（1958）的研究中，他们认为组织学习是企业构筑和拓展知识的基础，外界环境的变化会使企业有计划地实施组织结构变革，组织学习是企业对其所处外部环境的适应[35]。随后，Argyris 和 Schon（1978）系统性地对组织学习进行了阐述，他们提到学习者、学习过程和学习产物是构成组织学习的三个基本要素，并将组织学习界定为组织识别错误后，修正组织行为并将修正后的结果保存在组织记忆中，进而不断更正错误的过程，即组织"发现错误→修正错误→构建新的组织形式"[36]。Argyris 和 Schon（1978）的研究标志着系统化开展组织学习理论研究的起点，此后组织学习理论逐渐引起学者们的重视，并随之产生了大量有价值的研究。Filo 和 Mlyes（1985）、Stata 和 Almond（1989）、Huber（1991）、Crossan et al.（1999）、Gherardi 和 Nicolini（2000）、Zahra et al.（2000）等国外学者都对组织学习的研究进行了深化和拓展[37-42]。20 世纪 90 年代，组织学习理论开始引起国内学者的关注。陈国权和马萌（2000）、于海波等（2007）、吴士健等（2017）以及董佳敏等（2021）研究了组织学习作用机制，拓展了组织学习模型，并取得了一系列成果[43-46]。国内外研究学者因学术背景和研究领域存在差异，因而在对组织学习进行定义时侧重点各不相同，表 2.1 中梳理出了一些具有代表性的组织学习的定义。

表 2.1　组织学习的代表性定义

学者	定义
Fiol 和 Lyles（1985）[37]	组织学习是运用更好的知识和理解力来提高组织行动能力的过程
Stata 和 Almond（1989）[38]	组织学习是组织内部成员之间共享知识，通过改变行为来应对外部环境变化的过程
Huber（1991）[39]	组织学习是对个人、团队和组织三方面的信息进行加工进而改变组织行为的过程
Crossan et al.（1999）[40]	组织学习是获取知识、分享知识和应用知识的过程
Gherardi 和 Nicolini（2000）[41]	组织学习是特定社会文化环境中人际交流沟通信息的过程
Zahra et al.（2000）[42]	组织学习是组织获取新知识、新技术和新能力的过程
陈国权和马萌（2000）[43]	组织学习是组织不断改变或重构来适应外部环境的过程，是一个组织创新的过程
于海波等（2007）[44]	组织学习是个体、团队、组织层和组织间获取、解释、整合和制度化新知识以使组织能够实现愿景或适应环境的过程
吴士健等（2017）[45]	组织学习是组织持续获取、共享、传递和创造新知识的过程

资料来源：作者根据相关文献整理所得。

（2）组织学习的类型

学者们对组织学习内涵的界定有不同的侧重点，因而对组织学习划分的类别也存在差异。Argyris 和 Schon（1978）、Argyris（1982）以学习深度为标准将组织学习划分为单环路学习（single-loop learning）和双环路学习（double-loop learning），单环路学习通过调整组织行为来实现组织目标；双环路学习则在调整组织行为的基础上审视组织目标的适当性[36,47]。March（1991）提出了一种更为典型并且应用更广泛的组织学习划分方法，他认为组织学习可划分为利用式学习（exploitive learning）和探索式学习（exploratory learning）[48]。利用式学习是对已有战略、技术或流程的改进；探索式学习则侧重冒险和创新，是对已有战略、技术或流程的颠覆式改变。Lichtenstein et al.（2003）、Lumpkin 和 Lichtenstein（2005）认为组织学习可分为认知学习（cognitive learning）、行为学习（behavioral learning）和行动学习（action learning）[49-50]。认知学习是一种变革式学习，强调知识创造，使组织具备独特的竞争优势；行为学习是一种渐进式学习，指组织依据自身所具有的或外部获取的经验来改变组织架构、技术或系统等；行动学习是一种兼具变革式和渐进式特点的学习过程，指以增强组织能力为目标，通过改变个体的信念和行动来改变个体的言行偏差。除此之外，学者们还对组织学习做了其他维度的分类，如 Fiol 和 Lyles（1985）将组织学习划分为低阶学习和高阶学习[37]，Lyles 和 Schwenk（1992）将组织学习划分为经验学习、模仿学习和创造学习[51]，Dodgson（1991）将组织学习划分为战术学习和战略学习[52]，Boerner et al.（2001）将组织学习划分为搜索学习、科学学习和知识溢出学习[53]。

（3）组织间学习

随着对组织学习研究的不断深入，学者们逐渐意识到除单一组织内部学习外，外部组织的经验或行为也是组织学习的对象，可以为组织带来补充性知识。组织通过和外部组织之间的互动与合作可以获取更多的异质性信息和资源[54]。因此，跨越组织边界的组织间学习逐渐引起学者们的重视，组织学习理论从先前的关注内部学习转为关注组织之间的相互学习[55-57]。组织间学习呈现出相关知识清晰化、组织间共享信息及信息内部化到另外一个组织的演进特征[58]。

关系学习是组织间学习的重要形式[58-59]。Selnes 和 Sallis（2003）最早提及关系学习的概念，他们从营销渠道领域定义了关系学习，认为关系学习是供应商和分销商之间共享信息、解读信息、记忆信息、改变行为进而创造更大价值的过程[59]。关系学习强调组织之间存在一定的关系[62]，涵盖信息共享、信息共同解读和信息特定关系记忆三个维度[59,61-62]。关系学习是组织获取外部知识和资源的重要渠道[62-63]，可以有效降低环境的不确定性对组织的负面影响[59]。Lai et al.（2009）认为关系学习是组织的战略性资产，具有网络关系或合作关系的组织之间互相学习，可以促使组织创造更大价值，产生更强的竞争优势[64]。目前，除营销[59]、供应链[65]、客户[66]等情境外，学者们已将关系学习的研究视角扩展至企业创新领域，并认为关系学习是企业促进产品研发、提高创新能力进而提高核心竞争力的一种重要途径[67-70]。

2.1.3　高阶梯队理论

（1）早期高阶梯队理论

卡内基学派的理论学者提出，复杂决策很大程度上是行为因素的结果，而不是对经济优化的机械追求[35,71]。在此基础上，Hambrick 和 Mason（1984）提出了企业管理领域中著名的高阶梯队理论（upper echelons theory）[72]。高阶梯队理论打开了组织研究的一个新视角，即组织管理者特别是其最高管理者，Hambrick 和 Mason（1984）认为组织战略和组织效力是高层管理者价值观和认知基础的反映，管理者面临的内外部客观环境是复杂的，其认知基础和价值观为其进行战略决策提供了一定的依据[72]。基于对管理者的心理特征不易测度、某些可观测的人口特征（如任期、职业背景等）难以用心理特征替代、竞争环境中需要分析竞争对手的可观测特征这三方面的考虑，Hambrick 和 Mason（1984）将理论的重点放在可观测的人口特征对战略决策的影响上，这些可观测的人口特征包括管理者的年龄、任期、职业经历、受教育程度等[72]。该理论的核心部分是将高层管理者的特征描述为战略决策的决定因素，并通过这些战略决策影响企业绩效。Hambrick 和 Mason（1984）构建的高阶梯队理论模型如图 2.1 所示。

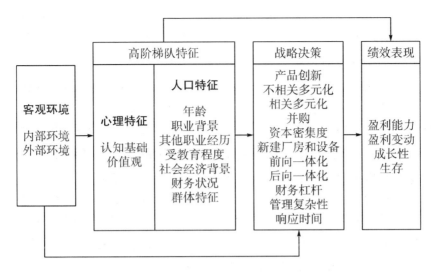

图 2.1　高阶梯队理论模型

　　针对管理者可观测的人口特征对企业战略决策的影响，Hambrick 和 Mason（1984）提出了一系列命题[72]。具体包括：①高层管理者年龄越小，越倾向于采取产品创新、不相关多元化、增加财务杠杆等冒险型战略决策，企业盈利能力相较于行业平均水平而言成长性和变动性更大。②如果高层管理者具有销售或产品研发背景，企业战略决策将更倾向于产品创新、相关多元化、广告和前向集成，即寻找新的领域、调整产品和市场；而如果高层管理者具有生产、工程控制或财务背景，则企业战略决策更倾向于自动化、新建工厂和设备以及向后集成，即重点提高生产效率。③高层管理者职业背景越丰富，越利于企业开展非相关多元化。④高层管理者任职年限与企业不相关多元化或产品创新战略决策呈负相关关系，相较于动荡环境，高层管理者任职年限更有利于稳定环境中的企业提高盈利水平。⑤高层管理者接受正规教育的数量（而非类型）与企业创新呈正相关关系，整体来说，与管理者未接受正规教育的企业相比，接受正规教育的企业绩效相对更好。⑥高层管理者是来自较低的社会经济群体的企业倾向于采取收购和不相关的多元化战略，这些企业将比那些管理者来自更高社会经济阶层的企业经历更大的增长和利润变化。⑦企业盈利能力与高层管理者所拥有的股份比例无关，但与高层管理者通过工资、奖金、期权、股息等从企业获得的收入在其收入中的占比呈正相关关系。⑧同质化的管理团队会比异质性的团队更快地做出战略决策；在稳定的环境中团队同质化与企业盈利能力呈正相关关系，而在动荡的环境中团队异质性与企业盈利能力呈正相关关系。

（2）高阶梯队理论的发展

Hambrick 和 Mason（1984）将企业客观环境、高阶梯队特征、战略决策、绩效表现进行了系统整合，提出了高阶梯队理论框架，为高阶梯队领域的研究奠定了坚实的基础[72]。随后，高阶梯队理论在学术研究中的应用逐渐丰富。在这一过程中，一些学者指出了高阶梯队理论的缺陷，但这也促使该理论框架不断发展和完善。例如，Lawrence（1997）认为人口统计指标的使用使人们对驱动高管行为的真实心理和社会过程感到困惑，这就是众所周知的"黑盒问题"[73]。Smith et al.（1994）和 Simons et al.（1999）等学者试图打开这个"黑盒"，研究了在高管的人口统计学特征和高管行为之间起到中介作用的心理和社会过程[74-75]。

在高阶梯队理论发展的过程中，最引人注目的改进是引入了管理自由裁量权和高管工作要求这两个重要的调节因素[76]。战略管理领域的传统的观点是高层管理者极大地影响着组织，而人口生态学和新制度理论的竞争性观点认为，组织具有极强的惯性并受到一系列惯例和规范的约束，因而高层管理者对组织的影响微乎其微[71-78]。为调和这两种对立观点，Hambrick 和 Finkelstein（1987）在模型中引入了管理自由裁量权。他们认为这两种观点都是有条件成立的，取决于管理自由裁量权的大小，而自由裁量权的大小取决于环境条件、组织因素以及高层管理者自身[79]。管理自由裁量权对高阶梯队理论的影响是直接而深刻的，高阶梯队理论对组织绩效的预测与管理自由裁量权的存在程度成正比，管理自由量裁权是高阶梯队理论预测组织绩效的关键调节因素[80]。Hambrick et al.（2005）在高阶梯队理论模型中引入了另一个调节因素——高管工作需求[81]。他们认为肩负繁重工作任务的高层管理者往往会产生走捷径的心理，即依靠过去尝试过或看到过的行之有效的方法，因此，这些高层管理者的战略决策反映了他们的背景和性格。相反，工作需求低的高层管理者在分析和决策方面可能考虑得更全面，战略决策更符合他们所面临的客观条件。

2.1.4　注意力基础观

（1）注意力基础观的内涵

Simon（1947）首次在管理学中引入注意力（attention）这一概念，他认为管理者是非理性的，组织行为是一个认知过程，组织决策是人类有限的能力和组织对个人注意力影响的结果，管理者决策的关键在于如何有效地配置注意力[16]。早期学者主要从内容和过程两个角度来对注意力进行界定。从内容角度来看，注意力可以解释为制定决策时占据管理者意识的重要刺激因素[17]；从过程角度来看，注意力是管理者将有限的信息处理能力配置给与决策相关的影响因素的过程[18]。

继 Simon（1947）提出注意力这一概念后，Ocasio（1997）在 *Towards An Attention-based View of the Firm* 中正式提出注意力基础观（attention-based view），通过程序、沟通渠道和注意结构相关概念，明确地将个人信息处理与组织结构联系起来[19]。Ocasio（1997）在 Simon（1947）的基础上对注意力的表述进行了延伸，将注意力视为一个由个人、组织和环境塑造的多层次过程。注意力基础观将组织视为注意力配置系统，在这个系统中，决策者的认知和行动取决于其所处的特定组织环境或情境。

Ocasio（1997）将注意力定义为决策者对议题和答案的关注、编码、解释以及集中投入时间和精力的过程，其中，议题指基于对环境的理解而需要分析和解决的问题、机会和威胁等；答案指可供选择的行动方案，如建议、惯例、计划、项目和流程等[19]。这一观点基于三个互相关联的前提：①注意力焦点，即决策者做什么取决于他们关注什么议题和答案。②注意力情境，即决策者关注什么议题和答案以及决策者做什么取决于他们所处的特定情境。③注意力配置，即决策者发现自己处于什么样的特定情境中以及如何参与其中，取决于组织的规则、资源和社会关系如何调控议题、答案，以及决策者在具体活动、沟通和程序中的配置。这三个前提是决策者配置注意力的基础：首先，个体认知层面上，注意力焦点将注意力处理过程与个体认知和行为联系起来；其次，社会认知层面上，基于社会心理学的观点，注意力情境强调了情境在决策者注意力中的重要性[82]；最后，组织认知层面上，注意力配置建立在组织决策、战略制定和认知人类学的研究和理论基础上，解释了企业的经济和社会结构如何调节和引导议题、答案和决策者进入构成决策的情境的活动、沟通和程序。

（2）管理者注意力的测度

管理者注意力如何测度是注意力基础观研究的难点。21 世纪初，国外学者对注意力基础观的研究如雨后春笋般出现，理论研究的快速发展促使学者们开始探究如何衡量管理者注意力，以使其能够用于范围更广的实证研究，解决更多的企业实务问题。在这一阶段，国外学者们相继提出了多种管理者注意力的测度方法，以此奠定了管理者注意力测度的基础。

本书将国内外学者提出的管理者注意力测度方法进行了梳理，见表2.2。管理者注意力测度运用最为广泛的是文本分析法。Cho 和 Hambrick（2006）最早提出对企业发布的"致股东的信"这一体现管理者认知和战略的公开信息进行文本分析，以此测度管理者注意力[83]。此后，Kaplan（2008）、Nadkarni 和 Barr（2008）、Eggers 和 Kaplan（2009）、Bouquet 和 Birkinshaw（2011）等国外学者也相继运用"致股东的信"文本分析法对管理者注意力进行了测度[84-87]，因此"致股东的信"文本分析法成为国外学者测度管理者注意力最为经典的方法。国内学者对注意力基础观的研究开展较晚，一些学者也借鉴了 Cho 和 Hambrick（2006）等提出的文本分析的思路[83]，但考虑到我国并未强制要求企业披露"致股东的信"，因此国内学者文本分析的资料多采用上市公司年报或年报中的部分内容[88-90]。除此之外，国内外学者对管理者注意力的测度还运用了访谈法、案例分析法、调查问卷法等传统方法以及数据包络分析法等。

表 2.2　管理者注意力测度方法

测度方法	文献来源
"致股东的信"文本分析法	Cho 和 Hambrick（2006）[83]；Kaplan（2008）[84]；Nadkarni 和 Barr（2008）[85]；Eggers 和 Kaplan（2009）[86]；Bouquet 和 Birkinshaw（2011）[87]
年报文本分析法	吴建祖和关斌（2013）[88]；董临萍和宋渊洋（2017）[89]；吴建祖和龚敏（2018）[90]
调查问卷法	Bouquet et al.（2009）[91]；陈志军等（2019）[92]
访谈法	Thornton 和 Ocasio（1999）[93]；Ocasio 和 Joseph（2008）[94]；Essuman et al.（2022）[95]
案例分析法	Hung（2005）[96]
行业期刊内容分析法	Nigam 和 Ocasio（2010）[97]
数据包络分析法（DEA）	Surroca 和 Prior（2016）[98]
提名生成法	于飞等（2022）[99]

资料来源：作者根据相关文献整理所得。

2.1.5 嵌入性理论

（1）嵌入性理论的内涵

嵌入性理论（embeddedness theory）是新经济社会学的重要理论之一，该理论的研究起源于 Polanyi（1944）[100]，形成于 Granovetter（1985），而后逐渐进入完善和成熟阶段[101]。制度经济学家 Polanyi（1944）首次在 *The Great Transformation* 中提出"嵌入性"概念，他认为人类经济是嵌入在制度环境中的，互惠、再分配和交换是经济活动的三种形式，这三种经济活动嵌入形态因制度环境的不同而有所差别[100]。19 世纪之前，市场经济尚未形成，经济行为产生于非经济因素，并嵌入社会和文化之中，主要表现为互惠和再分配形式。工业革命之后，随着市场经济的确立，经济活动由市场交换价格决定，遵从个人利益最大化原则，这种市场交换机制使经济活动从社会和文化中分离出来，经济行为表现为"去嵌入化"。Polanyi（1944）虽然提出了"嵌入性"这一概念，但"嵌入"一词出现的频率很低，同时他并未系统化地阐述嵌入性理论的内涵及特征，因而当时学者们并未对 Polanyi（1944）的嵌入性思想产生浓厚的兴趣。

随着经济社会学研究的发展，学者们逐渐认识到厘清行为和制度如何受社会关系的影响是需要重点突破的问题。Granovetter（1985）推动嵌入性理论研究进入了一个新的阶段，其文章成为嵌入性理论研究的创新之作[101]。Granovetter（1985）批判了新古典主义理论"社会化不足"（undersocialized）和社会学理论中"过度社会化"（oversocialized）的观点。他认为"社会化不足"和"过度社会化"的错误之处在于二者都忽视了社会关系的持续结构，而对复杂经济行为的解释必须考虑它在这种结构中的嵌入性。他认为将个体的决策和行为从其所处的社会情境中剥离出来是违反社会现实的，并且忽视了网络在个体决策和行为中的作用，个体既不完全受限于社会，也不完全脱离于社会[101]。与 Polanyi（1944）存在一定差异，Granovetter（1985）重点关注的是在现代工业社会中经济行为嵌入社会关系结构的程度，他对"嵌入性"的界定强调"适度社会化"，即经济活动适度嵌入特定的社会关系中，是一个人际互动的制度化过程，并且人际互动中的信任是经济活动开展的基础[101]。此后，经济学、社会学和组织理论的学者们迅速对嵌入性理论展开研究，并将其运用于区域经济、战略管理、企业绩效等领域[102-105]。

（2）嵌入性理论的分析框架

在嵌入性理论的发展过程中，学者们就其所研究的不同主题和背景将嵌入性按不同标准进行了划分，形成了针对嵌入性理论的多种分析框架。其中，最为经典和受认可度最高的是 Granovetter（1985）将嵌入性理论划分成的结构嵌入性和关系嵌入性分析框架[101]。结构嵌入性借鉴经济学中的网络分析相关理论，以网络关系中个体之间相互联系而形成的总体结构为研究出发点。从网络整体来看，结构嵌入性关注个体所构成网络的整体效果和结构；从网络节点来看，结构嵌入性强调个体在网络中的结构位置。Burt（1992）在 Granovetter（1985）的基础上提出"结构洞"概念，结构洞的数量和结构洞的位置决定了个体在网络信息传递中是否处于有利地位[106]。关系嵌入性以社会学中的社会资本为理论基础，指个体基于互惠预期而形成双向关系，进而使个体行为嵌入在其所处的关系网络中。关系网络对个体的影响程度可通过关系网络的内容、方向、强度和延续性来进行衡量。另外，网络参与个体的互动频率、亲密度、相互服务情况和关系维持时间可以用来测度联系的强弱[107]。关系嵌入性可以促进网络中个体之间的信息共享和资源交换以及个体之间以互惠为基础的合作。除此之外，国内外多位学者也根据其研究的主题将嵌入性划分成了多种不同的分析框架，本书将这些分析框架进行了整理，如表 2.3 所示。

表 2.3 嵌入性理论分析框架

文献	嵌入性理论分析框架
Granovetter（1985）[101]	结构嵌入性、关系嵌入性
Zukin 和 Dimaggio（1990）[102]	结构嵌入性、认知嵌入性、文化嵌入性、政治嵌入性
Halinen 和 Törnroos（1998）[108]	时间嵌入、空间嵌入、技术嵌入、市场嵌入、社会嵌入、政治嵌入
Andersson et al.（2002）[109]	业务嵌入性、技术嵌入性
Hess（2004）[110]	社会嵌入、网络嵌入、空间或地理嵌入
Hagedoorn（2006）[111]	环境嵌入、组织间嵌入、二元关系嵌入
彭伟和符正平（2014）[112]	本地网络嵌入、超本地网络嵌入
王名和张雪（2019）[113]	政治嵌入（政治关系嵌入、政治结构嵌入）、社会嵌入（邻里嵌入、社区文化嵌入）

文献	嵌入性理论分析框架
Stevens 和 Van Schaik （2020）[114]	关系嵌入、结构嵌入、知识嵌入

资料来源：作者根据相关文献整理所得。

2.2 文献综述

2.2.1 企业创新投资行为影响因素文献综述

自 Schumpeter 首次提出创新理论以来，学术界围绕企业创新投资展开了大量研究，从多角度分析了宏观经济政策、产品市场竞争、机构投资者、分析师等外部环境因素和企业特征、治理结构、管理者特征等企业内部因素对企业创新投资行为的影响。

（1）外部环境因素

企业创新投资行为不可避免地受到宏观经济环境和政府创新政策的影响。已有研究表明，宏观经济不确定性会抑制企业创新投资。宏观经济不确定性越高，无法预期的外部冲击下的经济走势越难以预测，企业管理者更容易产生悲观情绪，对研发活动信心萎缩，同时经济不确定性也会造成企业融资成本增加，研发活动资金不足，在信心受挫和融资约束的双重作用下，宏观经济不确定性会降低企业创新投资[115-118]。政府补助方面，国内外学者对政府补助与企业创新投资的关系形成了两种对立观点。一是认为政府补助能够促进企业创新投资。Guellec 和 Van （2003）、Hewitt-Dundas 和 Roper （2010）均发现政府补助能够提高企业创新投资活动的积极性[119-120]，国内学者刘楠和杜跃平（2005）、宋砚秋等（2021）分别通过理论模型推导和对我国上市公司的实证检验也得出了相同结论[121-122]。二是认为政府补助会抑制企业创新投资。政府补助缩减了企业研发支出，进而导致企业创新绩效降低[123-124]。目前，已有研究大多表明税收优惠对企业创新投资具有激励效应，税收优惠政策可以发挥内源融资渠道作用，将优惠资金企业内部化，缓解企业融资约束，降低研发边际成本，从而提高创新投资动力[125-127]。但也有少部分研究认为税收优惠对企业创新投资具有抑制效应，由于政府和企业信息不对称现象的存在，一些"伪高新企业"为迎合政策获取更多税收优惠可能会进行研发操纵，甚至出现寻租问题，研发操纵和寻租无法真正提高企业创新能力，最终将导致企业创新投资水平降低[128-131]。

产品市场竞争对企业创新投资的影响因具体的市场环境和市场条件而异[132]，目前学术界对这一问题主要持三种观点。一是认为产品市场竞争对企业创新投资具有促进作用。市场竞争能够促使企业之间形成"知识竞赛"，而创新投资是企业在竞赛中占据有利地位的重要手段[133]，竞争激烈的市场中，技术进步更快[134]。产品市场竞争更能激发企业开展产学研创新来抵御竞争压力[135]，促进企业的实质性创新[136]，提高商业类国有企业的创新投资[137]，通过代理冲突缓解、管理层激励和信息透明度提高三条中介路径以提升企业创新投资水平[138]。二是以 Schumpeter（1942）为代表的学者认为产品市场竞争会抑制企业创新投资[139]。市场集中和垄断势力是企业开展创新投资的动力[140-141]，即市场竞争程度越低，企业开展创新投资的动力越强[142]。Cette et al.（2017）以 OECD 国家企业为研究样本，结果表明限制竞争可以提高企业创新投资[143]。Aamir（2013）以行业贸易加权平均汇率作为产品市场竞争的工具变量，发现竞争程度低的行业更具创新性。三是认为产品市场竞争与企业创新投资之间呈倒"U"形关系[144]。Aghion et al.（2005）是持倒"U"形观点的代表人物，他以英国制造业上市公司为研究样本，发现产品市场竞争对创新的影响先升后降，是一种存在区间效应的倒"U"形关系[132]。国外学者 Jefferson et al.（2006）、Peneder 和 Wörter（2014）以及我国学者樊琦和韩民春（2011）、李健等（2016）、徐晓萍等（2017）、孔令文等（2022）也相继证实了这种倒"U"形关系的存在[145-150]。

此外，学者们还将产品市场竞争进一步聚焦在进口市场，探究进口市场竞争对本土企业创新投资的影响，并将其归纳为"逃离竞争效应"和"熊彼特效应"[151-153]。"逃离竞争效应"指本土企业通过提高创新投资来增强创新实力，从而避免由外国企业入侵导致的竞争损失。Bloom et al.（2016）认为来自中国的进口竞争使得欧洲企业技术变革加快，并导致劳动力向高技术企业再分配[154]。张辉等（2022）从供给和需求两个层面探究了地区进口竞争对企业创新的影响机制。从供给端来看，地区进口竞争提升了企业人力资本素质和中间产品质量；从需求侧来看，地区进口竞争提高了当地消费水平并使得消费结构转型升级。在供给端和需求侧双重作用下，地区进口竞争能够促进企业创新[155]。Chen et al.（2017）发现中间品进口能够通过降低成本的知识溢出来提高企业研发强度[156]。"熊彼特效应"指受到外国企业的进口竞争后，本土企业市场份额被侵占，利润水平降低，从而不得不削减创新投资。Autor et al.（2020）认为中国经济的崛起对美国制造业产生了冲击，进口敞口的增加加剧了竞争压力，进而抑制了美国制造业企业的研发支出[157]。卢昂荻等（2022）以本地生产网络为切入点，发现生产要素可得性在间接进口竞争的作用下会得到提升，使得企业创新投资产生挤出效应[158]。Liu 和 Qiu（2016）发现 2002 年中国加入 WTO 后大幅削减进口关税这一事件导致进口竞争加剧，进而造成中国企业创新投资减少[159]。

机构投资者作为外部公司治理的一项重要因素，是我国资本市场的重要组成部分，对企业创新投资通常具有促进作用[160-161]。一方面，机构投资者可以行使其监督权力。根据现代公司治理理论，机构投资者与企业各利益相关者之间的相互制衡有利于实现企业价值和股东财富最大化[162]。机构投资者可以通过强化股权激励、提升内部控制有效性、抑制管理费用过快增长来提升企业创新投资水平[163]。另一方面，机构投资者通常以企业长期绩效为重[164]。因其在资本市场上具有规模优势，机构投资者更容易获取企业信息，识别出那些创新能力较强的企业[165]，并且对创新投资成本和短期业绩波动具有一定的宽容性，从多个维度配置创新资源，为企业营造良好的创新环境，激励企业开展实质性创新[166-167]。学者们进一步探究了不同类型机构投资者对企业创新投资的差异化影响。刘宁悦和杨洋（2017）发现长期机构投资者对企业创新投资的促进作用更显著[168]；姜君臣（2021）认为境外机构投资者可以促进境外知识溢出到被投资企业，并且对被投资企业的监督更为有效，因而更能够提高企业创新能力[169]；韦施威等（2022）研究表明战略型机构投资者能够运用自身经验和专业素养提高创新投资管理，而财务型机构投资者因其收益与企业业绩关联性较小，甚至可能引导企业降低研发支出来满足其短期投资收益，从而对企业创新投资产生不利影响[163]。

相较于一般的机构投资者，风险投资机构具有独特的运行机制，为企业提供资金支持的同时还在战略咨询、风险控制、上市融资、内部治理等方面为企业提供多项支撑[170]。国内外诸多研究表明风险投资机构的介入有助于提升企业创新投资水平[171-175]。一方面，风险投资具有增值服务机制，可以辅助企业制定创新战略、为企业嵌入创新资源、协助企业管理创新过程，以其创新投资专长和经验为企业提供创新投资指导[176]。另一方面，风险投资具有监督控制机制，通过介入董事会和干预企业重大决策制定来参与公司治理、强化企业创新投资各环节内部控制和风险管理、制定创新投资项目科学管理体系，从而减少企业创新投资过程中的信息不对称和代理问题[177-179]。

分析师是资本市场中的重要信息中介，充当着上市公司"市场看门人"的角色，目前关于分析师对企业创新投资影响的研究大多基于两个对立假说——"信息假说"和"压力假说"[180-181]。根据"信息假说"，分析师通过收集和分析上市公司信息并发布研究报告，能够缓解外部投资者和企业以及股东和管理层两类关系中的信息不对称问题，减少委托代理成本[182-183]。分析师的学科背景、执业能力和行业经历使其在解读企业创新投资信息时更具专业性，在评估企业创新活动的投资价值时更具参考性，因而有助于避免投资者因信息获取或理解不充分而低估企业创新投资价值，这在一定程度上激发了企业创新投资的意向[166]。"压力假说"则认为分析师容易增加管理者短期经营压力并引发管理者短期行为倾向。分析师对上市公司的盈余预测给管理者带来了更大的业绩压力，使得上市公司创新积极性降低[184]。当分析师预测企业业绩降低时，市场会迅速做出对该企业的负面反应，质疑管理层的经营能力，此时管理层往往会以牺牲短期业绩为代价来应对分析师的预测[185-186]。韩美妮等（2021）进一步研究发现，分析师对企业创新投资的影响呈倒"U"形关系，整体上分析师能够促进企业创新投资，但对企业创新投资的促进作用边际递减，当分析师数量超过一定临界值时，分析师便会抑制企业创新投资，因此，分析师对企业创新投资的影响同时存在"信息"效应和"压力"效应[187]。

（2）内部环境因素

企业创新投资行为随企业规模和所有权性质的不同而呈现出不同的表现。Schumpeter（1942）提到企业规模对创新投资具有正向影响[139]，一是因为创新投资存在规模经济，创新投资活动越多，投资失败风险越能够被分散；二是因为规模大的企业更容易在金融市场筹集到资金，能够为企业开展创新投资活动提供充足的资金保障。此后，国内外多位学者针对企业规模与创新投资的关系进行了研究，但结论并不统一。Audretch 和 Feldman（2003）与 Schumpeter（1942）持相反的观点，他们认为小规模企业相对而言在创新投资上更具有优势[188]。聂辉华等（2008）、董宁和金祥荣（2018）分别发现企业创新投资与企业规模之间呈先升后降的倒"U"形关系和先降后升的"U"形关系[189-190]。所有权性质是企业创新投资的重要决定因素[191]。我国国有企业不断深化研发合作，创新投资体系逐步完善，航天科技、兵器装备集团、中航工业等多家中央企业创新投资力度不断提高[192]，但也有学者对国有企业的创新投资情况持悲观态度，认为国有企业创新投资激励不足，创新投资成功率和转化率均低于民营企业[193-194]。

创新投资随企业所处生命周期的不同阶段而有所差异[195-197]。崔也光和唐玮（2015）研究发现成长期的企业创新投资力度增加，至成熟期和衰退期企业创新投资力度明显下降，即随着生命周期各阶段的递进发展，企业创新投资力度逐渐减弱[198]。范永芳（2011）探讨了中小企业生命周期各阶段创新投资战略的侧重点，他认为初创期的中小企业创新能力薄弱并且面临生存困境，建议其可采用与科研院所合作创新或模仿创新战略；成长期的中小企业创新能力有所提升，积累了一定的资源，可实施以提升产品竞争力为针对性的模仿创新战略；成熟期的中小企业无论创新能力、生产能力、营销能力等均处于峰值，可实施以自主创新为主的战略；衰退期的中小企业资源闲置、人员流失、创新能力衰退，应采用跟随市场领头企业促进原有技术转型升级的模仿创新战略[199]。

组织控制理论认为合理的公司治理结构可以有效促进企业创新投资[200]。董事参与并影响企业创新投资决策的制定和实施。具有技术背景的独立董事可以发挥"专家效应"，更注重企业长期发展，通过整合内外部资源和提供专业化咨询来促进企业创新投资[201-203]，创新董事能够促使企业由"生产驱动"转型升级为"创新驱动"，其执行董事职能可以为企业创新提供制度供给，硬授权职能可以提升企业研发能力[204]。董事责任险在一定程度上可以为董事的决策或行动提供"免责条款"，为企业开展高风险的创新投资活动营造良好条件[205-206]。股权结构是投资者权力制衡的体现，Francis 和 Smith（1995）认为股权越集中，越能够降低代理成本，从而有利于企业创新投资[207]；汤业国（2013）则持相反看法，认为股权分散化更有利于企业创新投资[208]。双层股权结构使得企业现金流权和控制权进一步分离，在维持企业控制权的前提下，有助于分散风险，避免管理层的短视行为[209-210]，整体上可以促进企业创新投资[211]。股权激励对企业的影响有两种竞争性观点，即股权激励会加剧代理问题的"堑壕效应假说"[212]和股权激励能够减少代理成本的"利益趋同效应假说"[213]。基于"堑壕效应假说"，股权激励增强了管理者权力从而导致管理者利用创新资源过程中产生寻租问题，抑制创新成果转化[214]。基于"利益趋同效应假说"，适当比例的股权激励可以缓解管理者急功近利倾向，将更多精力用于企业创新投资活动，业绩型股权激励行权条件越严苛，企业越有可能实施技术引进策略[215]。

根据高阶梯队理论，企业创新投资决策受管理者个人特征影响。整体来看，管理者团队稳定性有助于提高企业创新投资水平，原因在于拥有稳定的管理者团队的企业凝聚力更强，更容易产生长期预期，开展创新投资的意愿更为强烈[216-217]。女性董事或高管对市场和顾客的差异化需求更为了解[218]，因而在制定企业创新投资策略过程中能发挥积极作用[219]。过度自信是管理者对自身能力过于乐观的一种心理偏差，大多数研究表明管理者过度自信能够促进企业创新投资[220-221]。管理者的人生经历能够塑造其思想和性格，并最终反应在其行为上。有过从军经历的管理者更具挑战精神，风险承担能力更强，能更好地应对企业困境和行业危机，因而更愿意进行创新投资[222-223]。管理者拥有海外经历可以促进企业创新投资，相较于海外留学经历，海外工作经历对管理者的创新投资行为促进作用更强[224]。具有财务经历的管理者创新投资意愿更为强烈，这类管理者的财务专长所形成的"风险认知烙印"能够敏锐地识别投资风险，"融资能力烙印"有助于拓宽融资渠道[225-227]。管理者技术背景使其对相关领域的专业技术知识更为了解，更具前瞻性眼光，能够把握技术前沿，对研发过程中的风险能够提前预防和及时规避，因而能够提高企业创新投资水平[228-229]。

2.2.2 企业财务决策同群效应文献综述

（1）同群效应的内涵

同群效应的研究起源于社会心理学领域，指个体因与处于各种社会关系中的群体发生相互作用，其行为或决策会受到具有相似特征的群体的影响，通过群体内个体间交叉互动而产生社会学习。Bühler 和 Anderson（1931）针对儿童社会行为中的同群效应进行了分析，这是关于同群效应的首次研究[12]。此后，Campbell 和 Alexander（1965）、Cohen（1977）和

Kandel（1978）相继在研究中提及同群效应，并认为同群效应是选择和社会化过程中形成趋同结果的现象[230-232]。Hallinan 和 Williams（1990）、Delay et al.（2016）从心理学角度进一步明确同群效应本质上是群体成员之间相互影响导致个体态度、认知或行为产生变化并逐渐趋同的一种社会心理过程[233-234]。Manski（1993）将同群效应系统地归纳为三种机制：偏好互动，即群体内其他个体的行为决策能够影响个体自身行为的偏好排序；期望互动，即个体在信息不对称的情况下，学习群体内其他个体的信息并改变自身认知；行为互动，即在对行为设置某些限制条件后，个体决策的选择范畴将被改变[4]。同群效应的广度和深度分别体现在模仿和学习行为形成的"社会乘数效应"以及因同群成员压力而出现的"点名效应"[235]。近年来，同群效应的研究逐步延伸至经济和企业管理领域，相关文献通常将企业财务决策同群效应视为在行业、地区等一定可比范围内，企业财务决策的内生互动过程；企业间财务决策相互影响从而表现出趋同的特征[7,13-15]。企业财务决策的传统研究通常假设经济行为是个体独立决策的结果，同群效应这一研究视角在考虑个体与外部环境的互动过程中加入了"同群者"，是对经典经济理论和管理理论的补充，具有重要的现实意义。

（2）同群企业识别方法

通过对企业同群效应相关文献进行梳理，根据参照组的不同，同群企业识别与划分方法可以归纳为四种。一是将同行业企业视为参照组，依据企业的行业类型识别与划分同群企业。这是同群效应研究中应用最为广泛的范围界定方法。Leary 和 Roberts（2014）、张敦力和江新峰（2016）、吴娜等（2022）分别以是否处于同一行业为标准界定同群企业，研究了企业资本结构决策、投资决策、支付政策等财务决策的行业同群效应[7,236-237]。二是将一定区域范围内的企业视为参照组，根据空间距离临近性识别与划分同群企业。陆蓉和常维（2018）、Tang et al.（2019）、李志生等（2018）和原东良等（2022）分别以是否处于同一行政地区为标准界定同群企业，探究了同地区企业违规、过度负债、创新投资等财务决策的地区同群效应[238-241]。刘喜和等（2020）认为以行政区划的方式来界定地区同群无法避免区域政策的外部冲击，因此提出以焦点企业为原点，以一定的空间距离为半径来界定同群企业的方法[242]。三是将某一网络范围内的企业视为参照组，根据社会网络、董事网络或分析师跟踪网络识别与划分同群企业。Fracassi（2017）以是否处于同一社会网络为标准界定同群企业，研究了财务决策的社会网络同群效应[243]。陈运森和郑登津（2017）以是否处于同一董事网络为标准界定同群企业，研究了企业投资的董事网络同群效应[244]。陈庆江等（2021）以是否处于同一分析师跟踪网络为标准界定同群企业，探究了企业数字化转型的分析师跟踪网络同群效应[245]。四是根据企业特征通过样本匹配识别与划分同群企业。赵颖（2016）在研究高管薪酬同群效应时采用倾向得分匹配法（PSM）识别同群企业[8]。孔德财和姜艳萍（2016）以同群主体的序值偏好来测度同群效应，以双边匹配主体满意度最大化为目标，构建优化模型，获得双边成对稳定匹配的模型最优解[246]。

（3）企业财务决策同群效应存在性

企业财务决策同群效应的研究主要集中于投资、资本结构、高管薪酬、股利分配等方面。

①企业投资决策同群效应。一定可比范围内企业之间投资决策能够相互影响，因而存在着投资同群效应。Chen 和 Ma（2017）研究表明企业投资随同行业企业投资水平的提升而增加，体现为行业层面的社会乘数效应[6]。Dougal et al.（2015）按地区识别和划分同群企业，考察地区层面投资群聚现象，认为同群效应是导致投资群聚的一个主要因素[13]。江新峰和张敦力（2018）根据企业投资是向行业均值看齐还是向行业最高水平看齐，将同群效应进一步细化为跟随型和追赶型，发现我国上市企业具有行业跟随型同群效应[247]。此外，一些学者还探究了企业内外部因素对投资决策同群效应的干预。例如，权力越大的管理者在制定投资决策时越少借鉴和学习其他企业的投资经验，也就是管理者权力会弱化企业投资同群效应[236]；经济政策不确定性导致信息不对称程度提高，使得企业更倾向于模仿和学习同群企业的投资决策，因而同群效应更为显著[248]；被给予良好评级的企业更倾向于开展投资活动，市场评级的高低影响投资决策同群效应的强弱[249]。

②企业资本结构决策同群效应。Leary 和 Roberts（2014）认为企业资本结构决策在很大程度上是对同群企业资本结构决策的反应，规模越小和绩效越差的企业对同群企业资本结构决策越敏感[7]。国内学者对资本结构决策同群效应的研究多根据 Leary 和 Roberts（2014）的思路展开。陆蓉等（2017）以资产负债率衡量资本结构，发现企业负债比率会随行业内其他

企业负债比率的提高而提高，企业资本结构同群效应产生于"管理者声誉考虑"和"管理者信息学习"两种机制[250]。钟田丽和张天宇（2017）从"学习行为假说"和"动态竞争假说"出发，同样发现我国企业资本结构决策具有显著的同群效应，并且在负债水平变动方向和范围上具有不对称性[251]。连玉君等（2020）在资本结构决策同群效应研究中引入经济周期，发现企业资本结构同群效应在经济上行阶段更为明显，表现为顺经济周期变化[252]。He 和 Wang（2020）发现我国企业会根据同行杠杆率的变化调整资本结构，竞争更激烈、年轻公司更多、杠杆波动率更高的行业往往表现出更强的资本结构同群效应，市场份额较低、不支付股利、融资约束较高的公司更倾向于模仿同群企业的资本结构决策，股权分置改革后资本结构同群效应更为明显[253]。

③企业高管薪酬同群效应。高管薪酬的制定一方面要参照高管的经营业绩；另一方面也要注意考虑市场中高管的薪酬差异，董事会通过和同行标杆进行比较来决定合适的 CEO 薪酬结构和水平[254]。Albuquerque（2009）研究表明美国上市公司在对高管经营业绩进行考核时，往往与同行业公司业绩进行横向比较，因此导致高管薪酬同群效应的产生[255]。随后，Albuquerque et al.（2013）发现同群效应对 CEO 薪酬的影响更多地体现在紧缩的劳动力市场[256]。赵颖（2016）发现我国上市公司也存在高管薪酬同群效应，并且地区同群效应比行业同群效应对高管薪酬的影响更为显著，同时高管薪酬同群效应有助于降低企业盈利风险，促进企业发展[8]。潘子成（2020）进一步研究表明环境不确定性越高、国有控股比例越低，高管薪酬同群效应越显著，短期来看，高管薪酬同群效应对企业发展具有正向作用，但中长期来看，高管薪酬同群效应会抑制企业发展[257]。

④企业股利决策同群效应。Popadak（2012）认为管理者的战略和行动偏见会导致企业股利支付具有行业层面的同群效应，具体体现在股利支付频率和股利支付规模上[258]。丁志国和李泊祎（2020）发现上市公司股利支付政策具有地区同群效应，非领头企业、股价低估的企业和低成长性企业受同地区企业股利政策的影响更大[259]。冯戈坚和王建琼（2021）考察同一社会网络内企业现金股利政策，研究表明企业现金股利政策具有社会网络同群效应，具体体现在现金股利的分配意愿和分配力度上，企业社会网络中心度越高，现金股利政策的同群效应越显著[9]。Grennan（2019）进一步明确了同群效应对企业股利的影响程度，测算结果表明同群效应会

使企业股息支付增加 15%，如果预期股息收益率为 3%，在同群效应作用下股息收益率将增加至 3.4%[260]。

此外，企业财务决策中的同群效应还存在于信息披露[261]、绿色技术创新[262]、企业金融化[263]、社会责任承担[264]、数字化转型[245]等多个方面。

2.2.3 管理者注意力文献综述

（1）管理者注意力与企业决策的关系

根据注意力基础观，管理者注意力影响企业战略决策。管理者对环境要素的选择性关注，是注意力配置的体现，在制定决策过程中管理者会将其重点关注的要素带入决策过程[19]。作为一种稀缺资源，管理者注意力会被配置在与决策相关的特定信息上，并对管理者权衡进一步决策产生重要影响[20]。方案和决策议题相关情境的匹配性决定管理者注意力对企业战略决策的影响是不是积极并且有效的[265]。管理者在制定决策时通常具有两种注意力配置策略[266]。一是"注意力分散策略"，即管理者将注意力尽可能分散到更多的与之相关的知识源上，并广泛地吸取其中的知识和信息。二是"注意力聚集策略"，即管理者将注意力集中分配在某些特定的知识源上，进行深度知识搜索和挖掘。于飞等（2022）结合网络密度研究发现，注意力聚集策略更有助于高密度网络中制造业的服务创新，而注意力分散策略更适合于低密度网络中制造业的服务创新[99]。Nadkarni 和 Barr（2008）将战略决策和管理者注意力结合起来，提出了高管团队战略决策新的洞见和框架，阐述了产业环境的改变会影响管理者注意力，同时管理者注意力会影响组织应对产业环境变化而做出战略决策的速度[85]。Cho 和 Hambrick（2006）基于航空公司放松管制背景，研究发现放松管制引起了管理者注意力转移，注意力在管理者团队变革与企业战略变革之间起部分中介作用[83]。

（2）管理者创新注意力对企业创新投资行为的影响

Chen et al.（2015）将管理者创新注意力界定为管理者对创新相关问题的关注程度[21]。管理者创新注意力对企业创新投资的影响主要体现在三个方面。第一，管理者创新注意力直接影响企业的创新政策和对创新资源的承诺。关注创新的管理者更有可能制定创新策略来刺激企业创新实践并使其制度化，这些管理者对创新的选择性关注反映了他们对创新的信念[19]。第二，于管理者而言，创新刺激引起的注意力是显著并且新奇的。

管理者产生创新注意力后将会重新思考企业及其所处的环境，对创新的注意力可能促使管理者向创新活动投入更多的资源和精力[267]。第三，管理者通过在组织内进行沟通和从行动上支持或反对创新来改变组织整体对创新的注意力[19,268]。Siguaw et al.（2006）认为，注重创新的企业中，企业文化更倾向于以创业和客户为导向[269]。当企业建立起鼓励创新的组织文化时，员工会表现出更高水平的创造力[270]，此外，开放性的组织文化也有利于实现企业变革和创新[271]。Van de Ven（1986）将注意力视为管理者有限的认知资源，他认为应该对注意力进行有效管理，从而刺激企业创新，管理者注意力越多地指向创新，而非行政工作或薪酬等其他方面，企业就越有可能更具创新性[272]。Kaplan（2008）和 Kaplan et al.（2003）认为在生物技术和光学技术产业中，管理者对新技术的关注影响了公司在 20年间获得的专利[84,273]。吴建祖和肖书锋（2016）考察了管理者的创新注意力转移对企业研发投入的影响，发现管理者将创新注意力从利用式转移到探索式可以增加企业研发投入，而从探索式转移到利用式会降低企业研发投入[274]。王则仁和刘志雄（2021）研究表明环境不确定性会引起管理者的创新注意力，而创新注意力有助于激发企业提高创新绩效[275]。

2.2.4 企业间社会网络关系文献综述

（1）社会网络关系的内涵

社会网络关系是个体基于某些社会关系而形成的相对稳定的网络系统[23]。社会网络关系的提出基于三大核心理论。一是强联结与弱联结理论，该理论认为个体之间的强联结和弱联结分别是组织内部和外部的纽带，弱联结能够获取组织外部信息，因而在组织中具有扩大知识范围、优化知识结构、促进知识吸收的作用[107]。二是结构洞理论，该理论提出关系优势是重要的组织竞争优势来源，个体网络中心度越高，占有的结构洞越多，获取的知识和信息就越充分，组织的竞争地位也就更高[106]。三是社会资本理论，该理论认为个体通过各种社会关系获取的新的权力、财富、声望等资源即为社会资本，社会网络关系是社会资本的存在形式，社会网络规模越大，个体社会资本越丰富[276]。公司金融领域的文献多从董事网络、高管网络视角来研究企业财务行为。董事网络或高管网络指不同企业的董事或高管因任职而形成的正式联结关系，或因教育背景、宗教信仰、服役经历等而建立起来的非正式联结关系[277-281]。

（2）企业间社会网络关系对财务行为的影响

董事网络或高管网络能够缓解信息不对称程度，降低信息搜集和资源获取成本，为企业间信息流动和资源交换提供良好的渠道[244,282-283]，因而在企业绩效、投资效率、资金筹集等方面发挥重要作用。企业董事网络中心度越高，IPO市场估值也越高，报价修正、IPO前媒体报道和IOP后股票表现都更为积极[284]。高管网络和董事网络在一定程度上可以有效缓解企业投资不足问题，网络规模越大的企业投资效率越高[285-286]。董事网络中心和中介位置均能够促进企业创新投资，并且这种促进作用主要体现在独立董事网络和非执行董事网络[287]，高管网络的各中心性也能够提升企业创新能力[288]。董事网络能够抑制代理问题和减少信息不对称，因而具有治理效应和信息效应，董事网络关系强度和董事网络位置均能够缓解企业融资约束[31]。与并购方处于同一董事网络的企业更可能成为并购对象，并购溢价更低，并且产生更好的长期并购绩效[289-290]。董事网络中心度越高则有助于纯技术效率提高和技术进步，因而能够助推制造业高质量发展，越处于网络中心位置的制造企业发展质量更高[291]。企业处于高管网络或董事网络下还能够产生金融化、避税和捐赠等企业财务行为的同群效应[263,292-293]。

2.2.5 文献评析

前文对企业创新投资行为影响因素、企业财务决策同群效应、管理者注意力、企业间社会网络关系方面的相关文献进行了梳理，整体来看，现有文献对相关领域已经进行了广泛而深入的研究，并形成了丰富且有价值的研究成果。本书的研究主题是基于同群效应的企业创新投资行为传导路径及经济后果研究，已有文献虽然对各分支领域进行了探讨，但并未就本书研究主题进行过系统分析，在将同群效应应用于企业创新投资行为的研究中仍然存在值得进一步探究的学术空白点，因此，基于以上研究现状，本书提出未来的研究方向。

首先，从同群效应视角探究企业创新投资行为的影响因素。目前，将同群效应和企业财务决策相结合的研究已经表明将同群效应引入到对公司财务行为的研究是合理和可行的。从已有文献来看，有关创新投资行为影响因素的研究多从宏观环境因素和微观企业因素展开。不可忽略的是，企业处于某些特定的群体，创新投资在群体内具有溢出效应，因而导致企业的创新投资行为并不是完全独立的，群体内企业之间往往存在着创新投资行为的互动影响。也就是说，除宏观环境因素和微观企业因素之外，群体内的其他企业也是影响企业创新投资行为的重要因素。冯戈坚和王建琼（2019）、刘静和王克敏（2018）初步探讨了企业之间创新投资行为的互动关系[9,291]，但整体而言，针对企业之间创新投资行为同群效应的研究目前还处于初始阶段，学者们尚未对其作用机理展开深入探究。

其次，将管理者创新注意力配置的焦点锁定在同群企业创新投资行为上。一方面，从管理者注意力相关文献来看，学者们大多研究了管理者创新注意力对企业创新活动的促进作用，但少有研究将管理者创新注意力配置的焦点锁定在其他企业的创新投资行为上。另一方面，目前已有研究未探讨过企业之间创新投资传导过程这一问题，不仅如此，在关于其他财务决策的同群效应研究中，学者们也多止步于财务决策同群效应这一特征的发现，对其作用路径的探讨几乎是空白的。企业之间创新投资行为的互动影响是一个复杂过程，探寻企业之间创新投资行为互动影响的内在逻辑，有助于更好地理解创新投资行为同群效应，并发挥其创新驱动的重要作用。因此，基于以上两方面，从管理者注意力视角探究企业创新投资行为互动影响过程，将管理者注意力作为联结企业和同群企业的关键环节，即将注意力的"引发点"和"作用点"串联成一条路径，是有望实现较大创新的。

再次，将企业社会网络关系纳入企业创新投资行为互动影响过程的研究。在社会关系网络化的背景下，企业财务行为会受到其所处社会网络关系中诸多因素的影响，学者们肯定了社会网络关系对企业财务行为的积极影响，但并未将其引入企业财务决策互动影响路径的研究。已有文献多从董事网络或高管网络的角度探究社会网络关系对企业财务行为的影响，诸如企业管理者之间的校友关系或老乡关系所构建的社会网络对企业财务行为影响效果的研究较为匮乏。另外，文献大多仅研究某一种社会网络关系对企业财务行为的影响，并未系统化地将多重社会网络关系纳入同一研究问题，探究不同社会网络关系对企业财务行为的影响差异。从以上三方面考虑，将多种社会网络关系纳入企业创新投资行为互动影响过程的研究是具有一定理论意义和实际研究价值的。

最后，强化同群效应经济后果的研究。从企业财务决策同群效应的研究现状来看，学者们探讨了资本结构、投资、并购等多种财务决策的同群效应，研究思路较为一致。将研究的重点多放在同群效应这一现象上，多是分析各种财务决策同群效应的存在性，对财务决策同群效应将会对企业产生何种经济后果的探究相对薄弱。仅从存在性角度研究财务决策的同群效应是不够的，只有明确了同群效应的经济后果，才能体现对同群效应这一现象的研究意义。因此，在企业创新投资行为同群效应的研究中，进一步明晰创新投资行为同群效应的经济后果是有必要的，有助于深化创新投资同群效应的研究价值。

3 企业创新投资行为同群效应的存在性及传导规律

3.1 引言

2022 年《政府工作报告》提出要深入实施创新驱动发展战略，强化企业创新主体地位。落实创新驱动发展战略，一方面要鼓励企业开辟发展新领域新赛道，塑造发展新动能新优势；另一方面要充分重视企业之间创新的相互影响与带动，营造群体创新氛围以激发企业创新活力。实施创新驱动发展战略是我国把握发展自主权、提高核心竞争力的必然选择，重在科学有效地组织与协调创新要素。在各项创新要素中，创新投资作为技术进步和技术创新的直接推动因素，其重要性越来越突出。考虑到企业作为创新实践的主力军，既是创新投资活动的主要推动者，也是创新投资活动的直接受益者，本章将考察企业的创新投资行为是否存在相互影响作用，以检验企业之间创新投资行为的具体依存状态。

根据社会心理学的研究，某一个体的行为可能会受到所处群体中其他个体行为的影响，这种现象即为同群效应。同群效应产生的根源在于决策的不确定性和决策者的有限理性。信息不对称理论认为市场参与者的信息获取程度是不同的。在难以获得完备信息的情况下，经济行为的不确定性将会更高。为减少决策中的不确定性，具有有限理性的决策者可能会模仿或学习群体中其他个体的决策，进而使得群体内各主体的决策趋同。同群效应体现出个体在面临市场选择时，所做出的决策并非完全独立，而是会参考所处群体中其他个体的决策，从而影响自身的行为。传统的企业财务研究往往认为财务决策是企业独立决策的结果，忽略了其他企业财务行为对决策的影响[295]。

现有研究表明企业财务决策具有同群效应[7,14,296]。一方面，同群企业面临相似的制度环境或具有类似的特征，个体企业会自发地选择进入同一群体，因而企业之间财务决策的相关性反映了企业的一种内生性选择；另一方面，企业的财务决策在一定程度上是由对同群企业的反应所驱动的，包括对同群企业财务决策的反应，以及盈利能力、风险情况等特征变化的反应。已有学者对企业投资行为及决策的同群效应进行了研究，发现企业投资行为受同行业竞争者投资行为的影响[297]，上市公司投资决策存在同群行为[298-299]。创新投资是企业投资活动的一部分，但又与一般投资不同，创新投资产生的成果具有很强的外溢效应，同类企业之间的带动作用更强。相关研究表明：技术知识溢出可以降低企业研发成本，促进其他企业增加创新投资[300-301]；企业研发投资受到行业平均研发强度与研发集中度的影响[302]。这些研究成果间接体现了企业创新投资决策中的同群效应。

企业所处的环境信息化和网络化特征愈加突出，进而导致企业的创新投资决策并不是完全独立的，企业之间往往存在着创新投资行为互动。除产品需求、创新成本外，其他企业的创新投资行为亦是影响企业创新投资决策的重要因素[1]。在开放式的创新环境下，创新投资是一个动态的过程，创新所形成的新技术和新知识会产生溢出效应，企业通过相互学习溢出的新技术和新知识来提升自身创新能力。企业创新投资行为的互动特征在一定程度上与同群效应相契合。因此，本章试图从同群效应的视角探究：①企业之间创新投资行为是否能够相互影响进而产生同群效应；②如果企业之间创新投资行为存在同群效应，那么在企业群体中具有何种传导方向或规律；③面对同群企业创新投资行为的影响，不同企业是否存在差异性反应。这些问题的探讨将进一步明晰同行企业之间创新投资行为的相互影响、作用，以及具体依存状态。

本章的贡献在于：一是已有研究鲜有考察企业创新投资行为的群体性特征。本章基于社会心理学领域的同群效应去研究创新投资行为的群体关联性，在一定程度上丰富了创新投资行为的相关研究。二是虽然最近部分学者开始关注创新投资行为中的同群效应问题，但研究文献相对较少，并且没有系统性研究创新投资行为同群效应的传导方向或规律[294,302]。本章结合 Tarde（1903）的模仿定律[303]，深入分析了同群效应在企业规模、研发水平、产权性质层面的传导方向和规律；同时基于信息传递的视角，探究了焦点企业信息势位和同群企业信息披露质量对企业创新投资行为传导过程的差异化影响。三是从实践角度来讲，本章内容有助于为国家创新驱动发展战略的实施提供新的切入视角，利用企业之间创新投资行为的相互影响与带动作用，进一步促进国家创新驱动发展战略的有效实施。

3.2 理论分析与研究假设

3.2.1 企业创新投资行为同群效应的存在性

当行为中涉及不确定性，诸如做出创新决策时，个体行为会受到群体中其他个体的显著影响[304]，企业会学习或模仿具有相似特征的企业的行为决策[305]。在企业创新方面，模仿是推动创新扩散的重要途径，法国社会学家 Tardc（1903）提道，"没有被模仿的发明，从社会意义上说都是不存在的"[303]。Stoneman（1983）认为"一项新技术只有得到广泛的推广和应用才能够影响经济"[306]，技术创新在扩散过程中可以实现其经济效应的传导和放大。以 Mansfield（1985）为代表的技术模仿论认为可以通过对创新的模仿来实现技术创新的扩散，他认为创新扩散需要一个学习的过程，并基于学习的模仿模型刻画了创新扩散中的学习机制[307]。根据 Rogers（2003）的创新扩散理论，技术创新扩散是技术创新在一定期间内通过某种途径在社会系统中传播并被其他个体接受的过程，需具备扩散源、扩散通道和采纳者三个要素，模仿在创新扩散过程中发挥着重要作用[304]。

同群效应形成的重要基础是模仿行为，创新扩散过程中企业的模仿学习行为与同群效应的形成机理具有异曲同工之处。在多主体环境中，个体经常将自己的表现与同群者进行比较，同一群体中个体决策可以产生相互影响，进而形成同群效应[308]。已有研究表明，同群效应存在于企业资本结构、并购和投资等财务决策中[7,14,309]。Xiong et al.（2016）将同群效应分解为信息效应、经验效应和外部性效应[310]。对于创新投资行为，企业在和同群企业交流过程中可以感知到创新相关信息，进而做出是否进行投资的决策，此为信息效应；创新投资过程复杂且具有不确定性，同群企业的创新投资经历具有参考价值，可以降低企业尝试各种备选方案的成本[294]，此为经验效应；作为一类特殊的投资活动，创新投资的成果具有知识溢出效应，可以带动其他企业增加创新投资，实现技术创新和技术进步[311]，此为外部性效应。由此可见，企业之间创新投资行为的互动过程具有同群效应的特征。

另外，随着对组织学习理论研究的不断深入，学者们逐渐意识到除单一组织内部学习外，外部组织的行为或决策也是组织学习的对象，可以为组织带来补充性知识，组织学习从先前的关注内部学习转为关注跨越组织边界的组织间学习[55-57]。组织间学习理论认为，在和外部组织的互动过程中组织可以获取更多的异质性信息和资源[54]。从企业创新投资角度来看，通过将同群企业视为学习对象，企业可以从外部吸收更多创新投资信息，进而做出更合理的创新投资决策，因此，组织间学习在一定程度上为企业创新投资行为同群效应的形成创造了可行条件。

基于以上分析，同时借鉴 Leary 和 Roberts（2014）、万良勇等（2016）的研究[7,14]，以是否属于同一行业作为界定同群企业的标准，将处于同一行业的企业视为同群企业，提出假设 3-1。

假设 3-1：同一行业内，企业创新投资行为存在同群效应。

3.2.2　同群效应下企业创新投资行为的传导规律

（1）同群效应下企业创新投资行为传导过程遵从"下降律"

根据 Tarde（1903）的研究，行为模仿遵从"下降律"，那些效率更高、绩效更好或者地位更高的个人或组织更有可能成为群体中被模仿和学习的对象。March et al.（1991）也提到组织更愿意模仿那些可以代表最优结果的行为[312]，规模较大或研发水平较高一定程度上体现了企业的产出优势，因此具有规模优势和较高研发水平的企业通常作为被模仿对象而存在，这类企业在与同群企业的互动过程中，更多地表现为影响同群企业。

企业规模是影响创新投资水平的重要因素，不同规模的企业对同群企业创新投资的影响和反应程度不同。首先，不同规模企业创新投资战略不同。大企业更倾向于开展探索性的研究和开发来实现行业领先的突破式创新；小企业由于缺少必要的研发设施和人员，但具有较大的灵活性[313-314]，则更倾向于跟从大企业开展产品层次的渐进式创新。其次，不同规模企业创新投资信息获取量不同。信息可分为公开信息和特定信息。除行业中的公开信息外，大企业社会关系网络更庞大，在和上下游等企业的接触中，能够获取更多的隐性特定信息，进而可转化为创新投资的想法和思路；小企业则可能在大企业已开展创新投资后才能获取相关信息，跟从大企业进行创新投资。最后，不同规模企业创新投资规模不同。创新投资需要较高成本，大企业更具规模优势，创新相关的设施、人员投资等能够形成规模经济。Cockburn 和 Henderson（2001）提到大企业在资产规模和资金充足性上更具优势，因而有能力承担研发带来的高风险和高额费用支出[315]。

上述分析表明，规模较大的企业更倾向于充当行业创新的开拓者、掌握更多的创新投资信息，同时又具有投资规模优势，更容易较快地形成创新成果，因而对行业内其他企业的带动作用更强。基于此，本章提出假设3-2a。

假设 3-2a：同群效应下企业创新投资行为传导过程遵从企业规模层面的"下降律"，相对于规模较大的企业，规模较小企业的创新投资行为受同群企业的影响更显著。

研发水平的高低在很大程度上决定了企业在行业中的竞争力，研发水平较低的企业处于行业竞争弱势地位，激发出更强的"学习动机"和"声誉需求动机"，进而可能对同群企业的创新投资行为产生异于研发水平较高企业的反应。一方面，根据组织学习理论，Huber（1991）发现知识获取是组织学习的重要过程，组织获取决策制定的相关信息和技能可以通过内部学习和外部学习两种途径来实现，二者之间具有一定的替代关系。对历史经验的总结是内部学习的重要方式，当组织具有的历史经验较多时，内部学习一定程度上可以替代外部学习，因而组织通过外部模仿学习以获取信息和技能的动机将会下降[39]。对企业而言，研发水平更高的企业的历史经验更多，可以替代部分外部学习，因而通过学习其他企业以提高创新投资水平的动机相对较弱。而那些研发水平较低的企业，更可能较多依赖外部学习来提高研发水平。另一方面，个体经常将群体中其他个体的业绩表现作为参照，并与自己的业绩表现进行比较[316]。根据代理理论，为维护自身和企业声誉，管理者有动机进行不低于同群企业平均水平的创新实践[9]，因而行业中研发水平较低的企业更有可能追赶研发水平较高的企业开展创新投资。

以上研究表明，研发水平较低的企业更有动机通过学习同群企业的创新投资行为来获取创新知识和维护管理者声誉。基于以上分析，提出假设3-2b。

假设 3-2b：同群效应下企业创新投资行为传导过程遵从企业研发水平层面的"下降律"，相对于研发水平较高的企业，研发水平较低企业的创新投资行为受同群企业的影响更显著。

（2）同群效应下企业创新投资行为传导过程遵从"先内后外律"

根据 Tarde（1903）模仿三定律之一的"先内后外律"，个体更倾向于模仿群体内那些与之特征更为相似或关系更为密切的对象[303]。企业在制定创新投资决策时不仅会受到同行业中其他企业的创新投资行为影响，那些在此基础上与企业特征更为相似的同群企业更有可能成为被模仿和学习的对象。已有研究表明，在我国经济转型和实施创新驱动发展战略的背景下，产权性质是影响企业开展创新投资的重要因素，国有企业与非国有企业开展创新投资的动机和内源动力有着较大差异，开展创新投资得到的政策支持以及创新投资方式也不尽相同[317-319]。例如，国有企业通常能够获得更多的财政支持，但较高的财务宽松度会阻碍其创新动力。这就意味着，即使在同一行业中，企业创新投资行为可能会受产权性质这一特征的影响而有所不同。同一行业中具有同一产权性质的企业面临相似的制度环境，企业特征更为相似，相互之间创新投资行为更容易被借鉴和学习。而产权性质不同的企业间由于制度环境的差异，在创新投资行为的相互学习与模仿过程中可能会存在制度不适性，由此造成创新投资的结果可能并不理想。基于以上分析，提出假设 3-3。

假设 3-3：同群效应下创新投资行为传导过程遵从产权性质层面的"先内后外律"，同一产权性质的企业之间创新投资行为同群效应更为显著。

3.3 研究设计

3.3.1 变量设计

本研究将样本企业界定为焦点企业，同一行业内除该企业外的其他企业界定为同群企业，并据此设置因变量和自变量。

①因变量。企业创新投资行为的衡量指标一般包括研发投入与营业收入之比、研发投入与总资产之比或研发投入与营业成本之比等。参照张兆国等（2014）的研究[320]，本章以研发投入与营业收入之比衡量因变量焦点企业创新投资行为，并以研发投入与总资产之比对本章研究结论进行稳健性检验。

②自变量。借鉴万良勇等（2016）和 Ahern et al.（2014）的研究思路[14,321]，本章将上一期同行业中除焦点企业自身外的其他企业的创新投资平均值界定为自变量同群企业创新投资行为的替代变量。

③控制变量。参照王楠等（2017）、杨柳青等（2016），以及曹婷和李婉丽（2020）的研究[322-324]，本章控制了其他影响企业创新投资行为的多个变量。其中企业基本特征变量包括企业年龄，财务特征变量包括企业有形资产比率、政府补贴、资产负债率、总资产收益率、托宾 Q 值，治理特征变量包括企业第一大股东持股比例、两职合一。

各变量含义及计算过程如表 3.1 所示。

表 3.1　变量含义及计算过程

变量类型	变量符号	变量含义	计算公式
因变量	Innovation	焦点企业创新投资行为	焦点企业研发投入/营业收入
自变量	Innovation_P	同群企业创新投资行为	焦点企业所处行业剔除该企业后的其他企业"研发投入/营业收入"平均值
控制变量	Age	企业年限	ln（观测年份-成立年份+1）
	Tangi	有形资产比率	期末固定资产/期末总资产
	Subs	政府补助	ln（政府补助总额）
	Lev	资产负债率	负债/总资产
	Roa	总资产收益率	净利润/总资产
	Tobinq	托宾 Q 值	市值/总资产
	Top	第一大股东持股比例	第一大股东持股数量/总股数
	Dual	两职合一	若董事长和总经理为同一人，取 1；否则，取 0

3.3.2　模型构建

为检验假设 3-1 中企业创新投资行为同群效应的存在性，借鉴万良勇等（2016）的研究思路[14]，构建模型（3.1），以检验同一行业内企业创新投资行为之间的互动关系。

$$Innovation_{i,t} = \alpha_0 + \alpha_1 Innovation\_P_{i,t-1} + \alpha_2 Age_{i,t} + \alpha_3 Tangi_{i,t} +$$
$$\alpha_4 Subs_{i,t} + \alpha_5 Lev_{i,t} + \alpha_6 Roa_{i,t} + \alpha_7 Tobinq_{i,t} + \alpha_8 Top_{i,t} +$$
$$\alpha_9 Dual_{i,t} + \varepsilon_{i,t} \tag{3.1}$$

其中，因变量为焦点企业创新投资行为 Innovation，自变量为同群企业创新投资行为 Innovation_P，i 和 t 分别表示企业和年份，α_0 表示常数项，$\alpha_1 \sim \alpha_9$ 为自变量和控制变量的系数。考虑到同群企业创新投资行为传导到焦点企业具有一定的时间过程，因此将自变量同群企业创新投资行为滞后一期，这种处理方式也可以在一定程度上避免由于自变量和因变量之间的反向因果关系而造成的内生性问题。模型在回归过程中控制行业固定效应和年份固定效应。

为检验假设 3-2a 和假设 3-2b 中企业创新投资行为传导过程是否遵从企业规模和研发水平层面的"下降律"，参照万良勇等（2016）的处理方法[14]，将同一行业内样本分别按照焦点企业规模大小和研发水平高低进行分组，检验大规模企业和小规模企业、高研发水平企业和低研发水平企业创新投资行为受同群企业的影响程度。企业规模层面，高于企业规模中位数的为大规模企业组，低于企业规模中位数的为小规模企业组；研发水平层面，高于研发水平中位数的为高研发水平组，低于研发水平中位数的为低研发水平组。其中，企业规模以总资产的自然对数衡量，研发水平以企业研发投入与营业收入的比值衡量。

为检验假设 3-3 中企业创新投资行为传导过程是否遵从产权性质层面的"先内后外律"，借鉴刘喜和等（2020）的研究思路[242]，按照同一行业内与焦点企业是否属于同一产权性质计算同群企业创新投资行为变量，将自变量 Innovation 进一步细化为与焦点企业属于同一产权性质的同群企业创新投资行为，以及与焦点企业不属于同一产权性质的同群企业创新投资行为。

3.3.3 样本选取与数据来源

本章以 2015—2021 年的 A 股上市公司为初始研究样本，并剔除 ST、*ST及金融业企业。Kumar 和 Li（2016）将研发支出不为 0 的企业视为研发活跃型企业[325]，本章借鉴这一思路，将研究样本缩小至研发活跃型企业层面。为减少数据异常值的影响，对主要连续变量进行了上下 1% 缩尾处理。最终，获取样本观测值 12 986 个。在进行同群企业的识别和划分时，以是否处于同一行业作为同群企业的界定标准，根据证监会行业类别代码表（2012 年修订版），将除制造业外的企业按照一级行业分类代码界定为同一行业，制造业按照二级行业分类代码界定为同一行业。因变量、自变量和控制变量所需数据主要来自 CSMAR 和 Wind 数据库，部分缺失数据通过查找上市公司年度报告补全。

3.4 变量特征与实证结果

3.4.1 变量特征

对变量进行描述性统计，结果如表 3.2 所示。Innovation 的最小值和最大值分别是 0.000 4 和 0.231，即焦点企业研发投入占营业收入的最小比例和最大比例分别为 0.04% 和 23.1%，说明企业之间创新投资差异较大，这与企业的行业类别及发展战略有较大关系。Innovation_P 的最小值为 0.003，最大值为 0.106，平均值为 0.046，因 Innovation_P 为同行业企业中除焦点企业外的其他企业的创新投资平均值，所以 Innovation_P 相较于 Innovation 的最大值和最小值较为平缓，而平均值与 Innovation 相差不大（Innovation_P 滞后一期，因而与 Innovation 平均值并不完全相等）。控制变量方面，样本筛选过程中已对各连续变量进行了上下 1% 的缩尾处理，因此，控制变量均符合各变量的常规取值区间。

表 3.2 变量描述性统计

变量	样本量	最小值	平均值	最大值	标准差
Innovation	12 986	0.000 4	0.047	0.231	0.037
Innovation_P	12 986	0.003	0.046	0.106	0.023
Age	12 986	2.197	2.913	3.466	0.274
Tangi	12 986	0.004	0.205	0.642	0.132
Subs	12 986	13.040	16.749	20.653	1.321
Lev	12 986	0.067	0.406	0.865	0.178
Roa	12 986	−0.257	0.044	0.227	0.057
Tobinq	12 986	0.852	2.063	8.587	1.156

表3.2(续)

变量	样本量	最小值	平均值	最大值	标准差
Top	12 986	0.084	0.327	0.715	0.135
Dual	12 986	0	0.316	1	0.465

3.4.2 实证结果与分析

（1）创新投资行为同群效应存在性回归结果分析

以上一期同群企业创新投资行为 Innovation_P 为自变量，以焦点企业创新投资行为 Innovation 为因变量，对模型（3.1）进行回归，结果如表3.3中列（1）所示。同群企业创新投资行为 Innovation_P 的回归系数为0.149，并且在1%水平显著，说明企业创新投资行为具有行业互动特征，焦点企业创新投资行为容易受到同群企业的影响与带动，同行业企业之间创新投资行为存在同群效应，假设3-1成立。控制变量方面，政府补助、托宾Q值和两职合一正向影响企业创新投资行为，企业年龄、有形资产比率、资产负债率、总资产收益率、第一大股东持股比例负向影响企业创新投资行为。

表 3.3　模型回归结果

	(1)	(2)	(3)	(4)	(5)	(6)	(7)
	全样本	大规模	小规模	高研发水平	低研发水平	同一产权性质	非同一产权性质
	Innovation	Innovation	Innovation	Innovation	Innovation	Innovation	Innovation
Innovation_P	0.149***	0.045	0.204***	-0.028	0.166**	0.330***	0.022*
	(3.106)	(0.592)	(3.443)	(-1.175)	(2.252)	(10.739)	(1.677)
Age	-0.009***	-0.008***	-0.007***	-0.003***	-0.006***	-0.008***	-0.008***
	(-8.982)	(-5.370)	(-5.603)	(-6.650)	(-4.028)	(-8.045)	(-8.411)
Tangi	-0.020***	-0.021***	-0.018***	0.005***	-0.039***	-0.019***	-0.019***
	(-9.136)	(-6.150)	(-6.133)	(4.717)	(-10.518)	(-8.535)	(-8.701)
Subs	0.005***	0.008***	0.004***	-0.000**	0.007***	0.005***	0.005***
	(21.631)	(22.549)	(14.890)	(-2.085)	(19.549)	(22.069)	(21.934)
Lev	-0.048***	-0.049***	-0.037***	-0.010***	-0.052***	-0.047***	-0.047***
	(-28.159)	(-19.051)	(-15.265)	(-11.941)	(-19.312)	(-27.471)	(-27.627)
Roa	-0.087***	-0.078***	-0.093***	0.005*	-0.124***	-0.089***	-0.090***
	(-17.804)	(-11.618)	(-12.717)	(1.858)	(-17.264)	(-18.093)	(-18.249)
Tobinq	0.005***	0.004***	0.006***	0.001***	0.006***	0.005***	0.005***
	(20.805)	(11.814)	(14.687)	(4.030)	(15.955)	(20.770)	(20.748)

表3.3(续)

	(1)	(2)	(3)	(4)	(5)	(6)	(7)
	全样本	大规模	小规模	高研发水平	低研发水平	同一产权性质	非同一产权性质
	Innovation	Innovation	Innovation	Innovation	Innovation	Innovation	Innovation
Top	−0.013 ***	−0.015 ***	−0.012 ***	−0.003 ***	−0.010 ***	−0.011 ***	−0.011 ***
	(−6.947)	(−5.163)	(−4.997)	(−3.189)	(−3.312)	(−5.685)	(−5.914)
Dual	0.004 ***	0.004 ***	0.004 ***	0.001 ***	0.004 ***	0.004 ***	0.004 ***
	(8.061)	(4.708)	(5.475)	(4.936)	(5.071)	(7.064)	(7.425)
常数项	0.008 *	−0.046 ***	−0.006	0.039 ***	−0.013	−0.005	−0.251 ***
	(1.676)	(−5.550)	(−0.837)	(16.519)	(−1.610)	(−1.098)	(−7.978)
样本量	12 986	6 493	6 493	6 493	6 493	12 986	12 986
行业	Yes	Yes	Yes	Yes	Yes	Yes	Yes
年份	Yes	Yes	Yes	Yes	Yes	Yes	Yes
Adj R²	0.419	0.427	0.428	0.371	0.310	0.424	0.422

注：(1) * 表示 $p < 10\%$，** 表示 $p < 5\%$，*** 表示 $p < 1\%$，本书其他表格中符号含义相同。

(2) 本章所有分组检验均验证了组间系数差异，系数具有可比性。

（2）创新投资行为传导过程遵从"下降律"回归结果分析

为检验同群效应下创新投资行为传导过程是否遵从"下降律"，将同一行业内样本按照焦点企业规模大小和研发水平高低各划分成两组，分别检验小规模企业和大规模企业、高研发水平企业和低研发水平企业创新投资行为同群效应的差异。模型回归结果如表 3.3 中列（2）~列（5）所示。列（2）和列（3）是大规模企业和小规模企业受同群企业创新投资行为影响的回归结果，列（2）中 Innovation_P 的回归系数不显著，列（3）中 Innovation_P 的回归系数为 0.204 且在 1%水平显著，表明小规模企业受同群企业创新投资行为影响更大。列（4）和列（5）是高研发水平企业和低研发水平企业受同群企业创新投资行为影响的回归结果。列（4）中 Innovation_P 的回归系数不显著，列（5）中 Innovation_P 的回归系数 0.166 在 5%水平显著，说明同群企业创新投资行为对低研发水平企业影响更大。以上结果表明小规模企业和低研发水平企业更容易受同群企业创新投资行为的影响，因此，企业创新投资行为在传导过程中遵从"下降律"，假设 3-2a 和 3-2b 成立。

（3）创新投资行为传导过程遵从"先内后外律"回归结果分析

为检验同群企业创新投资行为传导过程是否遵从"先内后外律"，即遵从由内至外的传导方向，将自变量 Innovation_P 进一步细化为同一行业内与焦点企业属于同一产权性质的同群企业创新投资行为和，以及与焦点企业不属于同一产权性质的同群企业创新投资行为，对模型（3.1）进行回归，结果如表3.3中列（6）和列（7）所示。列（6）中Innovation_P的回归系数为0.330且在1%水平显著，说明同行业中同一产权性质的企业之间创新投资行为互动影响显著。列（7）中Innovation_P的回归系数为0.022且在10%水平显著，说明同行业中不同产权性质的企业之间创新投资行为具有一定的互动影响，但影响相对较弱。综合以上列（6）和列（7）的回归结果，可以发现同行业中同一产权性质的企业之间更容易产生创新投资行为的互动与影响，即企业创新投资行为传导过程遵从产权性质层面的"先内后外律"，假设3-3成立。这可能是因为国有企业和非国有企业开展创新投资的动机、决策机制、政策限制和企业运行方式存在差异，同一产权性质的企业之间创新投资行为更具有借鉴价值。

综上所述，将本章提出的各假设检验结果汇总如表3.4所示，假设3-1、假设3-2a、假设3-2b和假设3-3均通过检验。

表3.4　假设检验结果汇总

假设	是否通过检验
3-1	是
3-2a	是
3-2b	是
3-3	是

3.4.3　稳健性检验

（1）内生性问题处理

考虑到行业创新投资共识或宏观政策冲击也可能会导致同一行业内企业创新投资行为出现正向关系，本章采用工具变量法来排除这些共同因素对企业创新投资行为的影响。借鉴Leaey和Roberts（2014）和李姝等（2021）的处理方法[7,326]，以同群企业股票特质收益率作为同群企业创新投资行为的工具变量。选取该工具变量基于两方面考虑：一方面，股票价格影响企业创新投资[327]，因而同群企业股票特质收益率与同群企业创新投资行为具有相关性；另一方面，股票特质收益率计算过程中已剔除市场和行业等共同因素导致的收益，只反映企业自身的特质信息，因而同群企业的股票特质收益率具有外生性。特质股票收益率根据模型（3.2）~模型（3.4）进行计算。

$$R_{i,j,t} = \alpha + \beta^M_{i,j,t}(RM_t - RF_t) + \beta^{IND}_{i,j,t}(RP_{i,j,t} - RF_t) + \varepsilon_{i,j,t} \quad (3.2)$$

其中，i、j、t 分别代表企业、行业和月份，$R_{i,j,t}$、RM_t、RF_t 和 $RP_{i,j,t}$ 分别为企业股票收益率、市场收益率、无风险收益率和同群企业股票收益率。

以每年年初前三月的月度数据对模型（3.2）进行回归，所得回归系数代入模型（3.3），计算出月度股票期望收益率。根据模型（3.4），以月度股票收益率 $R_{i,j,t}$ 与月度股票期望收益率 $ER_{i,j,t}$ 之差，作为剔除市场和行业因素的企业自身的月度股票特质收益率 $IR_{i,j,t}$。对企业月度股票特质收益率计算年度均值，作为该企业股票的年度特质股票收益率。以同行业中除企业自身外的其他企业的年度股票特质收益率均值作为同群企业股票特质收益率，继而以该变量作为自变量同群企业创新投资行为的工具变量。

$$ER_{i,j,t} = \widehat{\alpha_{i,j,t}} + \widehat{\beta^M_{i,j,t}}(RM_t - RF_t) + \widehat{\beta^{IND}_{i,j,t}}(RP_{i,j,t} - RF_t) \quad (3.3)$$

$$IR_{i,j,t} = R_{i,j,t} - ER_{i,j,t} \quad (3.4)$$

以同群企业股票特质收益率作为工具变量的回归结果如表 3.5 中列（1）和列（2）所示。第一阶段中 IR 的回归系数在 1% 水平上显著为正，说明同群企业股票特质收益率与同群企业创新投资行为具有相关性。同时，弱工具变量检验结果 Cragg-Donald Wald F 值为 301.772，高于经验值 10，说明 IR 并非弱工具变量。第二阶段中 Innovation_P 的回归系数在 1% 水平显著为正，说明在排除行业创新投资共识或外部政策冲击后，企业创新投资行为依然具有同群效应，即同群企业创新投资行为显著影响企业创新投资决策。

表 3.5 工具变量法和重新界定同群企业回归结果

	IV 第一阶段	IV 第二阶段	重新界定同群企业
	（1）	（2）	（3）
	Innovation_P	Innovation	Innovation
Innovation_P		0.661 ***	0.032 ***
		(8.558)	(3.746)
IR	0.328 ***		
	(17.372)		
Age	−0.005 ***	−0.008 ***	−0.002 ***
	(−6.519)	(−7.698)	(−3.975)

表3.5(续)

	IV 第一阶段	IV 第二阶段	重新界定同群企业
	（1）	（2）	（3）
	Innovation_P	Innovation	Innovation
Tangi	−0.045***	−0.026***	−0.008***
	(−31.171)	(−6.288)	(−6.694)
Subs	0.003***	0.004***	0.002***
	(17.982)	(14.924)	(18.136)
Lev	−0.021***	−0.047***	−0.004***
	(−17.000)	(−19.811)	(−4.334)
Roa	−0.038***	−0.083***	0.026***
	(−10.309)	(−14.531)	(9.623)
Tobinq	0.003***	0.004***	0.003***
	(17.717)	(12.981)	(19.097)
Top	−0.021***	−0.015***	−0.003***
	(−14.953)	(−5.822)	(−2.682)
Dual	0.003***	0.005***	0.001***
	(8.315)	(7.505)	(3.563)
常数项	0.031***	−0.013**	−0.010**
	(9.448)	(−2.490)	(−2.389)
样本量	12 986	12 986	12 986
行业	Yes	Yes	Yes
年份	Yes	Yes	Yes
Adj R²	0.186	0.403	0.331

（2）采用夹角余弦值法界定同群企业

为探究企业创新投资行为同群效应，本章将上一期除企业自身外的同行业其他企业的创新投资平均水平作为同群企业创新投资的替代变量。同时考虑到不同企业对行业均值的参考程度不同，例如对于一些研发水平较高的行业龙头企业，较少受行业中研发水平较低企业的影响，同群效应可能在相似企业之间更容易形成，本章借鉴吴璇等（2019）的思路——在探究相似企业的消息与目标企业未来股票收益是否具有相关性时，运用夹角余弦法寻找相似企业[328]。故本章从公司规模（以"总资产的自然对数"表示）、成长性（以"营业收入增长率"表示）、现金流（以"每股经营活动现金流量"表示)三个维度构建向量 $P(x, y, z)$。对于同行业中的任意两个企业 i 和 j，向量分别为 $P_{i,t} = (x_{i,t}, y_{i,t}, z_{i,t})$ 和 $P_{j,t} = (x_{j,t}, y_{j,t}, z_{j,t})$，向量夹角为 θ，则其夹角余弦值为

$$\cos\theta = \frac{P_{i,t} \times P_{j,t}}{|P_{i,t}| \times |P_{j,t}|} = \frac{x_{i,t} \times x_{j,t} + y_{i,t} \times y_{j,t} + z_{i,t} \times z_{j,t}}{\sqrt{x_{i,t}^2 + y_{i,t}^2 + z_{i,t}^2} \times \sqrt{x_{j,t}^2 + y_{j,t}^2 + z_{j,t}^2}}$$

夹角余弦值取值范围为 [-1, 1]，两个企业越相似，则夹角余弦值越趋近于 1，在同一行业中对每个企业筛选出与其夹角余弦值最大的企业作为同群企业，并以这一企业上期创新投资水平作为自变量同群企业创新投资行为替代变量。对模型（3.1）进行回归，根据表 3.5 列（3）所示结果，在重新界定同群企业后，Innovation_P 的系数显著为正，说明假设 3-1 的结果是稳健的。

（3）采用固定效应模型

固定效应模型将个体差异性考虑在内，一定程度上可以剔除时间因素和行业因素对回归结果的影响，同时还可以解决不随时间或行业改变的遗漏变量所产生的内生性问题，因此，采用固定效应模型进行稳健性检验。针对假设 3-2a 和假设 3-2b，对模型（3.1）重新进行回归，稳健性检验结果如表 3.6 中列（1）～列（4）所示，可以发现相较于大规模企业和高研发水平企业，小规模企业和低研发水平企业创新投资行为同群效应更强，表明企业创新投资行为同群效应遵从"下降律"，假设 3-2a 和假设 3-2b 再次得以验证。

表 3.6　采用固定效应模型和替换变量回归结果

	采用固定效应模型				替换变量	
	（1） 大规模 Innovation	（2） 小规模 Innovation	（3） 高研发 水平 Innovation	（4） 低研发 水平 Innovation	（5） 同一 产权性质 Innovation	（6） 非同一 产权性质 Innovation
Innovation_P	0.248 ***	0.335 ***	0.077 ***	0.282 ***	0.261 ***	−0.193 ***
	(8.868)	(7.744)	(5.757)	(6.570)	(6.791)	(−4.967)
Age	0.016 ***	0.003	0.007 ***	0.008 **	−0.002 ***	−0.002 ***
	(8.110)	(1.137)	(8.456)	(2.454)	(−3.591)	(−3.786)
Tangi	−0.000	0.001	0.001	0.012 **	−0.008 ***	−0.008 ***
	(−0.082)	(0.318)	(0.643)	(2.270)	(−6.265)	(−6.404)

表3.6(续)

	采用固定效应模型			替换变量		
	（1）	（2）	（3）	（4）	（5）	（6）
	大规模	小规模	高研发水平	低研发水平	同一产权性质	非同一产权性质
	Innovation	Innovation	Innovation	Innovation	Innovation	Innovation
Subs	0.001***	0.001***	0.000	0.002***	0.002***	0.002***
	(4.168)	(3.817)	(0.551)	(5.586)	(18.235)	(18.252)
Lev	−0.024***	−0.022***	−0.010***	−0.029***	−0.004***	−0.004***
	(−8.946)	(−7.835)	(−9.587)	(−8.324)	(−4.052)	(−4.192)
Roa	−0.066***	−0.092***	−0.007***	−0.128***	0.026***	0.026***
	(−14.886)	(−18.792)	(−3.414)	(−22.501)	(9.556)	(9.454)
Tobinq	−0.000	0.000	0.000***	0.000	0.003***	0.003***
	(−1.630)	(1.520)	(2.929)	(0.046)	(18.996)	(19.095)
Top	0.007	0.003	0.001	−0.003	−0.002**	−0.002**
	(1.535)	(0.484)	(0.745)	(−0.474)	(−2.223)	(−2.322)
Dual	0.001*	−0.001*	0.000	−0.001	0.001***	0.001***
	(1.647)	(−1.863)	(0.262)	(−0.757)	(3.237)	(3.445)
常数项	−0.023***	0.016*	0.000	0.008	−0.014***	−0.004
	(−3.592)	(1.813)	(0.108)	(0.843)	(−5.450)	(−1.412)
样本量	6 493	6 493	6 493	6 493	12 986	12 986
行业	Yes	Yes	Yes	Yes	Yes	Yes
年份	Yes	Yes	Yes	Yes	Yes	Yes
Adj/Within R^2	0.122 1	0.101 1	0.050 1	0.143 2	0.333	0.332

（4）替换核心解释变量和被解释变量

本章以研发投入占营业收入的比值作为企业创新投资行为的替代变量，除这种测度创新投资的方法外，狄灵瑜和步丹璐（2021）、柳学信和张宇霖（2020）也采用研发投入占总资产的比值来度量创新投资[329-330]，借鉴他们的做法，本书以研发投入/总资产来测度创新投资行为并进行稳健性检验。以上一期同行业中除该企业外的其他企业的研发投入/总资产的平均值度量自变量同群企业创新投资行为，并将自变量进一步细化为与焦点企业属于同一产权性质的同群企业创新投资行为和与焦点企业不属于同一产权性质的同群企业创新投资行为，对假设3-3重新进行检验。代入模型（3.1）进行回归，结果如表 3.6 中列（5）和列（6）所示。可以发现，相较于非同一产权性质的企业，同一产权性质的企业之间的创新投资行为具有显著的同群效应，同群效应遵从"先内后外律"，因此假设 3-3 是稳健的。

3.5 异质性分析

企业之间创新投资行为传导的本质是信息的传递。同群效应传递信息的成本更低，是一种更好的决策传递机制[331]。本部分拟从焦点企业信息势位（优、劣势地位）和同群企业信息披露质量视角进行企业创新投资行为传导过程异质性分析。

3.5.1 焦点企业信息势位异质性分析

同群企业的决策是管理者制定财务决策时重要的参考信息来源，尤其是对于处于信息劣势地位的企业而言，难以通过自有信息进行有效的财务决策，参考同群企业的财务决策成为一种理性的决策方式[332]。同群影响对财务决策的重要性在信息掌握得较少的企业中尤其强烈[331]。与处于信息优势地位的企业相比，处于信息劣势地位的企业更可能学习或借鉴同群企业创新投资行为。

Leary 和 Roberts（2014）以及彭镇等（2020）认为信息优势和劣势地位可以从"企业上市年限"角度衡量[7,15]，企业上市时间越长，在市场中越具有信息优势，而上市时间较短的"新人"企业则处于信息劣势地位。借鉴这一思路，本书以焦点企业上市年限长短衡量企业信息势位，将高于上市年限中位数的样本划分为处于信息优势地位的企业，将低于上市年限中位数的样本划分处于信息优势地位的企业。对模型（3.1）进行回归，结果如表 3.7 中列（1）和列（2）所示，同群企业创新投资行为对信息劣势地位企业的影响在 1%水平显著，而对信息优势地位企业的影响不显著。这表明创新投资相关信息能够在企业间传递，在同群效应下处于信息劣势地位的企业通过借鉴或学习同群企业的创新投资行为来降低因信息不足而造成的决策不确定性。

3.5.2 同群企业信息披露质量异质性分析

高质量的信息披露可以向企业外界传递更多信息，缓解企业外部和内部的信息不对称，有利于外部信息使用者识别、筛选和研判企业的经营状况和未来发展潜力。对于企业创新投资行为而言，企业可以通过信息披露向同群企业传递创新投资相关信息。虽然一般的会计信息不能直接体现企业创新投资的具体细节，但创新项目具有高度敏感性，揭示了企业的战略性信息。同群企业的信息披露能够使焦点企业更好地观察到同群企业的创新战略和创新绩效，通过借鉴或学习同群企业的创新投资行为来进一步改变或完善自身的创新投资战略[333]。

深圳证券交易所和上海证券交易所每年都会对上市公司的信息披露情况进行综合考评，用以评价上市公司信息披露的充分性、完整性和可靠性等，并将考评结果分为A、B、C、D四个等级，分别代表"优秀""良好""合格"和"不合格"。本书借鉴邓超和彭斌（2021）、曾江洪和马润泽（2021）所采用的赋值法[334-335]，将A、B、C、D四个等级分别赋值4、3、2、1，分值越大，表明上市公司信息披露质量越高。同群企业的信息披露质量则参照同群企业创新投资行为测度的思路，以上一期焦点企业所处行业剔除该企业后的其他企业信息披露质量的平均值来作为替代变量。按照同群企业信息披露质量中位数将样本企业分为同群企业信息披露质量高组和同群企业信息披露质量低组。表3.7中列（3）和列（4）的回归结果显示，同群企业信息披露质量越高，创新投资行为同群效应越显著。这说明同群效应能够缓解企业信息不对称，同群企业的信息披露有利于焦点企业获得更多创新投资决策相关信息。

表 3.7 异质性分析回归结果

	（1） 焦点企业信息 劣势地位 Innovation	（2） 焦点企业信息 优势地位 Innovation	（3） 同群企业信息 披露质量高 Innovation	（4） 同群企业信息 披露质量低 Innovation
Innovation_P	0.176 ***	0.088	0.150 **	−0.089
	(3.206)	(1.013)	(2.090)	(−1.021)
Age	−0.011 ***	−0.000	−0.008 ***	−0.008 ***
	(−7.239)	(−0.047)	(−5.441)	(−4.661)

表3.7(续)

	（1） 焦点企业信息 劣势地位 Innovation	（2） 焦点企业信息 优势地位 Innovation	（3） 同群企业信息 披露质量高 Innovation	（4） 同群企业信息 披露质量低 Innovation
Tangi	-0.011***	-0.030***	-0.016***	-0.030***
	(-3.961)	(-8.532)	(-4.665)	(-7.582)
Subs	0.004***	0.006***	0.004***	0.006***
	(15.493)	(17.659)	(13.106)	(15.398)
Lev	-0.038***	-0.056***	-0.052***	-0.058***
	(-16.829)	(-21.271)	(-19.902)	(-19.530)
Roa	-0.077***	-0.117***	-0.105***	-0.094***
	(-11.829)	(-15.726)	(-13.974)	(-11.386)
Tobinq	0.004***	0.006***	0.004***	0.007***
	(12.971)	(16.102)	(10.458)	(15.745)
Top	-0.008***	-0.021***	-0.016***	-0.013***
	(-3.250)	(-7.398)	(-5.384)	(-3.843)
Dual	0.005***	0.003***	0.005***	0.005***
	(6.134)	(3.948)	(6.057)	(4.900)
常数项	0.010	-0.028***	0.014*	0.009
	(1.388)	(-3.366)	(1.889)	(0.935)
样本量	6 493	6 493	5 610	5 610
行业	Yes	Yes	Yes	Yes
年份	Yes	Yes	Yes	Yes
Adj R^2	0.436	0.397	0.431	0.441

注：因上海证券交易所从2016年才开始进行上市公司信息披露质量综合考评，因此信息披露质量数据的样本量与其他变量样本量相比较少。

3.6 进一步讨论

企业对同群企业创新投资行为的学习与模仿形成创新投资行为的同群效应。作为企业间内生的外部学习机制，同群效应可以促进企业创新投资水平的提高。然而，企业所处的行业情况和企业自身内部的学习机制也可能对企业创新投资行为产生影响。本章进一步检验在考虑行业羊群效应和企业内部学习效应的情况下同群效应是否存在，区分企业创新投资行为的提高究竟是得益于同群效应还是盲目趋同的羊群效应抑或企业内部学习效应。

3.6.1 同群效应还是羊群效应？

"羊群效应"是与"同群效应"比较接近且易于混淆的概念，虽然二者都指个体参考群体中其他个体的行为进行决策，但与"同群效应"不同，"羊群效应"假设经济人非理性，个体会产生盲目从众行为，从而产生群体行为趋同现象[250,336]。为验证企业创新投资行为是由于同群效应引发的积极的内生性选择还是由于羊群效应导致的企业创新投资行为盲目趋同，本章参照方军雄（2012）的做法[298]，构建羊群效应变量 Comove（RDI）并在模型（3.1）中加以控制，该变量定义为

$$\text{Comove(RDI)} = \frac{\text{Max}\ (N_{\text{RDI}_{\text{incr}}},\ N_{\text{RDI}_{\text{decr}}})}{N}$$

其中，N 表示每一年度内每一行业企业数量，N_{RDIincr} 和 N_{RDIdecr} 分别表示每一年度每一行业创新投资增加的企业数量和减少的企业数量。Comove（RDI）用于测度每一年度每一行业创新投资增加或减少数量中的较大者占行业企业数的比值，可以衡量每一年度每一行业创新投资趋势。将该变量纳入模型（3.1）进行回归，结果如表3.8中列（1）所示，表明羊群效应对企业创新投资有促进作用但并不显著，企业创新投资的增加更依赖于对同群企业理性的学习与模仿，更多地体现为一种积极的内生性选择，而非盲目跟随行业创新投资趋势的非理性结果。

表 3.8　考虑羊群效应和企业内部学习效应回归结果

	（1） 考虑羊群效应 Innovation	（2） 考虑内部学习效应 Innovation
Innovation_P	0. 149 *** （3. 114）	0. 156 *** （3. 272）
ComoveRDI	0. 002 （0. 365）	
Internal		0. 007 *** （13. 422）
Age	−0. 009 *** （−8. 985）	−0. 009 *** （−9. 241）
Tangi	−0. 020 *** （−9. 136）	−0. 020 *** （−9. 160）

表3.8(续)

	（1） 考虑羊群效应 Innovation	（2） 考虑内部学习效应 Innovation
Subs	0.005 *** （21.627）	0.004 *** （20.988）
Lev	−0.048 *** （−28.154）	−0.047 *** （−27.447）
Roa	−0.087 *** （−17.790）	−0.083 *** （−17.067）
Tobinq	0.005 *** （20.800）	0.005 *** （21.051）
Top	−0.013 *** （−6.949）	−0.013 *** （−7.153）
Dual	0.004 *** （8.064）	0.004 *** （8.076）
常数项	0.007 （1.301）	0.007 （1.373）
样本量	12 986	12 986
行业	Yes	Yes
年份	Yes	Yes
Adj R^2	0.419	0.427

3.6.2　同群效应还是内部学习效应?

创新投资行为是一项研究探索类活动,注重经验的积累与学习,同群效应体现为企业向外部同行企业的学习,而企业自身积累的创新投资经验可以作为其内部学习的基础。为验证企业创新投资行为是基于外部学习带来的同群效应还是自身经验积累带来的内部学习效应,借鉴石磊等(2020)的研究[337],将企业自身经验的内部学习效应纳入模型(3.1)。内部学习效应 Internal 为虚拟变量,若企业 i 在 t 年度的创新投资大于 $t-1$ 年度,取值为1,否则为0。表3.8中列(2)是考虑内部学习效应后的回归结果,表明内部学习效应对企业创新投资行为有正向促进作用,但同群效应依然显著,意味着外部同群效应和内部学习效应作为两种机制均会促进企业创新投资的增加。

3.7　研究结论与启示

本章以 2015—2021 年的 A 股研发活跃型上市公司为研究样本,对企业创新投资行为同群效应的存在性进行检验,并进一步结合法国社会学家

Tarde 的模仿定律对企业创新投资行为传导规律进行识别。得出的结论包括：①同一行业内，企业创新投资行为存在同群效应。②企业创新投资行为传导规律方面，规模较小和研发水平较低的企业受同群企业创新投资行为影响更为显著，企业创新投资行为传导过程遵从企业规模层面和研发水平层面的"下降律"；同一产权性质的企业之间创新投资行为同群效应更为显著，企业创新投资行为传导过程遵从产权性质层面的"先内后外律"。③从信息的角度来看，同群效应能够缓解企业信息不对称的矛盾，焦点企业处于信息劣势地位或同群企业信息披露质量越高，创新投资行为同群效应越显著。

本章研究的理论启示在于：以往关于创新投资的研究多是考察企业个体特征和宏观政策对创新投资行为的影响，对不同企业之间的互动影响关注较少。本章将社会心理学领域的同群效应引入企业创新投资行为的研究，发现同行业内企业之间创新投资行为会相互影响与带动，这为企业创新投资行为的研究增加了新的理论视角。虽然个别学者开始关注创新投资行为中的同群效应问题，但并未系统性地研究创新投资行为同群效应的传导规律和基于信息传递视角的异质性影响差异。本章深入分析了创新投资行为同群效应的"下降律"和"先内后外律"，同时基于信息传递的视角，探究了焦点企业信息势位和同群企业信息披露质量对企业创新投资行为传导过程的异质性影响差异。

本章的实践启示体现在以下三个方面：

第一，充分发挥企业之间创新投资行为的同群效应，以"点"带"面"式助推企业创新投资。创新投资行为的互动可以在企业间形成涟漪式扩散，而同群效应会显著影响扩散的力度和范围。利用企业创新投资行为同群效应，通过营造群体创新投资氛围、引导创新投资思路等温和的干预方式可以激发企业创新投资，进一步提升行业和国家整体层次的创新投资水平。

第二，依据企业创新投资行为传导规律，选好"点"企业。鉴于同行业企业创新投资行为传导过程遵从"下降律"和"先内后外律"，可以基于不同维度，如企业规模、企业研发水平、产权性质等，选出一批企业作为"点"管理对象，对其创新投资行为进行重点管理，结合企业创新投资行为传导规律，利用这批企业带动更多企业的创新投资行为，实现企业规模层面以"大"带"小"、研发水平层面以"高"带"低"，相同产权性质企业互相带动的效果。

第三，需要特别重视同行业企业之间创新投资信息的交流。企业之间创新投资行为传导的本质是信息的传递。与其他信息获取方式相比，同群效应传递信息的成本更低，是一种更好的决策传递机制。行业协会要积极建设创新投资信息发布和交流平台，在行业信息流动中起到支撑和引导作用，同时，监管机构要重视规范上市公司信息披露制度，提升上市公司创新投资信息披露质量，通过强化信息传递助推企业之间创新投资的相互影响与带动。

4 同群效应下企业创新投资行为传导路径研究

4.1 引言

第 3 章研究表明，企业作为创新实践的主力军，其创新投资行为具有同群效应。有效利用创新投资行为同群效应，提升企业之间创新投资行为传导效果，有利于从企业创新投资相互带动与影响角度来进一步落实国家创新驱动发展战略。因此，对企业之间创新投资行为内在传导过程进行深入挖掘是必要的。企业创新投资行为受到内外部多重因素影响，企业之间创新投资行为的传导是一个复杂过程，将过程中的核心因素和主要路径抽象出来，探寻企业之间创新投资行为的内在传导逻辑，有助于更好地理解创新投资行为同群效应并发挥其创新驱动重要作用。

同群效应下企业之间创新投资行为的互动影响以信息和资源流动为前提，探索这种互动影响的首要关键问题在于揭示创新投资信息和资源在企业间传递的媒介。复杂决策在很大程度上是管理者行为因素的结果[71]。高阶梯队理论认为组织决策是管理者价值观和认知基础的反映，管理者认知在企业战略的制定和实施过程中发挥关键作用[72]。管理者是企业决策的根源[76]，企业创新投资在很大程度上取决于决策者的认知与判断能力。企业的创新投资行为具有社会性，同时创新投资产生的创新成果具有较强的外溢效应，出于规避风险和提高行业竞争力的动机，管理者将高度关注同群企业的表现。创新投资是企业重要的战略性决策，管理者基于其掌握的包含同群企业创新投资行为在内的信息做出决策，并通过利用获取的资源最终落实到企业行为。

Simon（1947）首次在管理学中引入注意力这一概念，他认为管理者决策的关键在于如何有效地配置其注意力[16]。从内容角度来看，注意力可以解释为管理者制定决策时占据管理者意识的重要刺激因素[17]；从过程角度来看，注意力是管理者将有限的信息处理能力配置在与决策相关的影响因素的过程[18]。注意力基础观将企业视为注意力配置系统，在这个系统中，管理者的认知和行动取决于管理者所处的特定环境。作为一种稀缺资源，管理者注意力会被配置在与决策相关的特定信息上，并对管理者权衡进一步的决策产生重要影响[20]。Chen et al.（2015）和吴建祖等（2016）将管理者创新注意力定义为管理者在创新相关的问题和解决方式上对注意力配置力度的大小[21-22]。对于企业创新投资行为而言，管理者对同群企业的关注即为其创新注意力的一种体现，同群企业创新投资相关信息在一定程度上可以对管理者认知产生刺激，引起管理者创新注意力的配置。

基于上述分析，本章推测管理者创新注意力是同行企业之间创新投资信息和资源传递的媒介。因此，将管理者创新注意力作为企业创新投资行为传导的关键节点，引入同群效应下企业创新投资行为传导过程的研究。首先，管理者是企业创新投资的重要决策者，其行为意向对于企业是否跟从同群企业的创新投资行为产生重要影响，鉴于管理者认知在企业战略决策中至关重要，本章将探究管理者创新注意力在企业创新投资行为传导过程中的媒介作用，对该问题的深入分析有助于把握企业之间创新投资行为传导的关键节点。其次，管理者特征和行业特征对企业创新投资行为传导过程具有差异性影响，本章将进一步考察具有不同特征的企业管理者和处于不同行业的管理者对同群企业创新投资行为的应对性反应存在何种差异，对该问题的探究有助于根据管理者和行业特征区分创新投资行为传导的效度差异。

本章的创新及贡献主要体现在三个方面：首先，以信息流动为切入点，将企业决策回归到管理者个体认知行为，考虑管理者创新注意力在创新投资行为传导过程中的关键作用，为理解创新投资行为提供了新的理论视角。其次，探究了同行业企业之间创新投资行为传导的直接路径和间接路径，厘清了管理者创新注意力在企业创新投资行为传导过程中的中介效应机理，明确了创新投资行为在企业之间的传导逻辑。最后，考虑到管理者在企业创新投资决策中的重要作用以及不同行业创新投资行为的特点，进一步分析了管理者特征和行业特征对企业创新投资行为传导路径的影响。

4.2　理论分析与研究假设

4.2.1　管理者创新注意力的中介效应

管理者的个体认知会被同群者改变。Delay et al.（2016）发现个体间的社会心理过程存在相互作用，个体认知因同群内个体之间的相互作用而发生改变，进而会产生彼此间行为一致的趋同结果[234]。管理者创新注意力是注意力研究的一个分支，近年来逐渐受到关注，为从管理者认知角度深入研究创新问题提供了新的思路和视角。基于以下两方面的考虑，本章认为管理者创新注意力作为创新投资信息传递的桥梁，在企业创新投资行为传导过程中发挥着重要价值。

一方面，管理者有动机将其注意力配置在同群企业创新投资行为上。第一，管理者具有风险规避动机。创新投资是一种探索性行为，投资结果具有不确定性，同时注意力是一种稀缺资源[19]，管理者如何配置其有限的注意力在高风险的创新投资项目上将影响其战略决策的制定和实施。关注同群企业的创新投资行为可以使管理者有效获取与决策相关的信息，通过对同群企业开展"信息性学习"[294]，间接获取创新投资经验，降低决策不确定性。当业内其他公司被视为拥有更多的专业知识时，这种情况更可能发生[338]。就决策失败的责任承担而言，即便学习结果并不好，大家面临的指责也是共同的[339]，可以缓解管理者因决策效果欠佳而产生的个体压力。第二，管理者具有竞争性动机。当前经济发展更为多元化，技术变革速度日益加快，根据竞争动力学的观点，企业竞争优势的主要来源已逐渐从规模优势转为创新与速度优势[340]。基于信息不对称理论，并非所有管理者都能及时获取关于未来成长、投资机会和行业变动的关键经营信息，当他们难以克服信息获取障碍时，信息获取成本将增加或耗时过多，为了减少信息匮乏导致的竞争力不足，管理者的理性行为是更看重别人的决策而不是自有信息。他们将通过观察和学习竞争对手的行为缓解来自竞争对手的压力，力图使企业处于行业中竞争优势地位[14]，因此企业很可能将注意力配置在竞争对手的创新投资行为上，开展竞争性模仿甚至形成新的创新突破，从而提高其行业竞争优势。

另一方面，管理者创新注意力可以影响企业自身创新投资行为。首先，管理者创新注意力影响企业战略决策的制定。高管对环境信息的处理决定其对某些特定信息的注意力，而后将其注意力外化于行为活动，以"注意力规制"影响战略决策[20]。从注意力基础观出发，企业创新投资战略决策与管理者对创新机会和相关议题的注意力配置具有密切关系[341]。其次，管理者创新注意力影响企业创新资源的投入和创新活动的开展。创新需要大量的资源投入，管理者注意力在创新方面配置得越多，对创新活动投入的资源就越多[341]。已有研究表明，管理者在新兴科技上的注意力可以促使其调动企业中与研发投资相关的资源[342]，配置在智能产品和智能生产上的注意力影响企业技术获取的模式[343]。最后，管理者创新注意力有利于塑造企业创新文化。在那些关注创新的企业中，企业文化将更注重创新精神和客户导向[269]，这种鼓励创新的企业文化会激励员工表现出高水平的创造力，最终实现企业创新水平的提高。

根据以上分析，本章认为，在企业之间创新投资行为的互动过程中，管理者创新注意力是创新投资信息传递的关键节点，是创新投资行为同群效应的重要推手。同群企业的创新投资信息在被焦点企业管理者注意力捕捉后，焦点企业管理者会结合本企业具体情况进行分析、判断，然后通过其自身的影响力，将创新注意力上升为企业创新投资决策，进而开展创新投资行为。基于此，提出假设4-1。

假设4-1：管理者创新注意力在同群效应下企业创新投资行为传导过程中发挥中介效应，企业创新投资行为传导过程存在"同群企业创新投资行为→焦点企业创新注意力→焦点企业创新投资行为"路径。

4.2.2 管理者特征对管理者创新注意力中介效应的影响

根据高阶梯队理论，管理者的心理特征和人口特征会对其行为决策产生影响，管理者能力和管理者权力是影响管理者认知和决策的关键特征，对企业创新投资行为传导过程中管理者创新注意力的中介效应可能产生重要影响。

（1）管理者能力对管理者创新注意力中介效应的影响

面对复杂多变的经济环境，管理者难以做出完全理性的决策，管理者能力在很大程度上会影响其价值取向和认知，进而影响企业战略决策的制定[344]。管理者能力通常表示管理者所具有的综合经营能力，体现在沟通、协调、计划、决策、控制和分析等各个环节，是一种将企业资源转化为收益的能力[345]。已有研究表明，能力越高的管理者越能够及时根据企业内外部环境的变化做出灵活的战略决策调整[72]。对于企业创新投资行为而言，管理者能力水平高低影响企业创新投资决策的制定。一方面，能力强的管理者对同群企业创新投资动向更为敏感，即同群企业的创新投资行为会更容易被能力强的管理者捕捉到，引起其创新注意力。企业创新投资决策因结果难以提前预测而具有高风险性，能力强的管理者自身所具有的资源和社会关系网络能够使其掌握更多的包括同群企业创新投资行为在内的创新投资信息，做出更具合理性和前瞻性的创新投资决策。也就是说，管理者能力越强，越具有前瞻性的创新投资思维，能够敏锐地注意到行业内同群企业的创新投资行为，从而精准把握行业创新发展前沿。另一方面，管理者能力有助于将管理者创新注意力有效落实到企业创新投资行为。能力强的管理者能够理性评估项目可行性，合理安排创新投资计划，有效配置企业创新资源，优化研发人员队伍结构，倾注较多精力以保证创新投资项目的实施[221,346]。相比而言，那些能力较弱的管理者则由于自身能力有限和创新经验匮乏，将创新注意力落实到科学合理的创新投资决策的难度更大。综上所述，管理者能力既有利于企业管理者注意到同群企业的创新投资行为，同时，又能够促进将其创新注意力落实到企业具体的创新投资行为。基于以上分析，提出假设4-2a。

假设4-2a：管理者能力越强，管理者创新注意力在同群效应下企业创新投资行为传导路径中发挥的中介效应越大。

（2）管理者权力对管理者创新注意力中介效应的影响

管理者权力在企业创新投资行为传导过程中发挥着重要作用。首先，从管理效率视角来看，企业能否把握发展机遇和战略决策能否有效落实在很大程度上受到管理者经理自主权的影响[79,19]。管理者权力体现了管理者在企业决策制定和执行过程中的影响力[347]，管理者掌握的权力越大，其经理自主权越大，越可以有效推动企业创新投资行为的开展与实施[348-349]。当企业制定和执行战略决策时，较大的管理者权力将提高CEO在董事会中的发言权，促使企业能够抓住发展机遇并迅速反应做出战略决策，避免由于群体思维引发的决策周期过长而对企业战略决策造成不利影响。具体到企业的创新投资行为，面对激烈的竞争环境，企业需要在同行企业创新互动过程中迅速把握创新投资机会并做出创新投资决策，因而企业管理者需要拥有更广的行动空间和更果断有力的决策手段。管理者权力越大，管理者的经理自主权越大，越有助于将其创新注意力转化成企业创新投资决策并迅速推动该决策执行和落实；反之，如果管理者的权力较小，管理者的经理自主权较小，企业创新投资决策在制定和执行过程中会面对更多的阻力，甚至会被搁浅或否决，管理者创新注意力落实到企业具体创新投资行为的难度将增加。其次，从管理者声誉的视角来看，权力较大的管理者更注重维护自身声誉。创新投资所形成的新技术是企业稀缺的资源，具有企业自身研发的独特性、专业性和难以完全复制性，成为企业竞争优势的重要来源，有利于提高企业的知名度，从而提高管理者的声誉[350]。在声誉机制的驱使下，权力较大的管理者将不甘于企业创新投资落后于同群企业，会更为密切地关注同群企业的创新投资行为，并不断提升自身企业的创新投资水平。基于以上分析，提出假设4-2b。

假设4-2b：管理者权力越大，管理者创新注意力在同群效应下企业创新投资行为传导路径中发挥的中介效应越大。

4.2.3 行业特征对管理者创新注意力中介效应的影响

高阶梯队理论同样表明，外部客观环境会影响管理者的战略决策，因此，企业所处行业特征可能会影响管理者创新注意力在企业创新投资行为传导过程中中介效应的大小。

（1）行业竞争程度对管理者创新注意力中介效应的影响

激烈的竞争环境将使企业更加密切关注竞争对手的行动[351]。行业竞争程度差异会影响管理者创新注意力在企业创新投资行为传导路径中中介效应的发挥，原因主要体现在两个方面。第一，从信息获取成本和创新投资风险的角度来看。企业创新投资活动具有高风险性，创新投资后果具有不确定性，企业掌握的创新投资相关信息越多，创新投资失败的可能性越小。随着市场竞争程度的不断加剧，为了降低创新投资信息获取的成本和创新投资失败的风险，企业会将注意力配置在竞争对手的创新投资行为上，投资与竞争对手相同或相近的产品，和竞争对手的创新投资战略保持一致，即采取模仿式创新战略[352]。第二，从企业竞争动力的角度来看。行业竞争程度越高，企业创新动力越大[353]。Barnett et al.（1996）基于红皇后假说理论提出企业在相互竞争中会促进彼此发展，在激烈的竞争环境中企业超越竞争对手的难度很大，需要在巨大的竞争压力下不断追求进步，通过持续不懈的努力来保持在市场中的竞争地位[354]。当行业内竞争较为激烈时，为了降低来自行业内竞争对手的压力，维持在行业内的竞争地位，企业通常会密切关注行业内竞争对手的行为，并及时做出反应[355]。不同于竞争程度较高的竞争型市场，在竞争程度较低的垄断型市场结构中，企业间竞争压力较小，竞争对手的创新投资行为对企业的冲击也相应较小，企业面对竞争对手的创新投资行为所做出的竞争反应会更为缓和。因此，行业竞争程度越高，企业越倾向于将注意力配置在同群企业的创新投资行为上，学习或借鉴同群企业的创新投资决策。基于以上分析，提出假设4-3a。

假设4-3a：行业竞争程度越高，管理者创新注意力在同群效应下企业创新投资行为传导路径中发挥中介效应越大。

（2）行业技术要求对管理者创新注意力中介效应的影响

企业创新投资行为不仅取决于自身因素，同时也会受到行业技术要求等外部条件的影响[356]，技术要求的高低直接影响企业是否能够顺利开展创新投资[357]。同行企业创新投资行为互动过程中，行业技术要求水平不同，管理者创新注意力在企业创新投资行为传导过程中发挥的中介效应力度也存在差异。一方面，创新投资是高技术企业维持竞争优势的根本途径，企业需持续不断提升创新投资能力以应对外部技术竞争压力。另一方面，当行业技术要求较高时，企业创新投资结果不确定性更大，因而所面临的内部研发压力也更高，难以在短期内通过独立研发快速实现技术创新突破。同群企业的创新投资决策是同行管理者创新意识的反映，在一定程度上体现了行业未来市场开发动向，因而高技术要求行业中的管理者更可能关注并学习同群企业的创新投资行为，将其作为创新投资决策信号，用以判断行业研发前景和发展机会[358]。诸竹君等（2018）研究发现，企业所处行业越接近技术前沿，企业越倾向于通过学习进口技术来提高自身创新投资水平[359]。这进一步说明，当企业所处行业技术要求较高时，管理者将注意力配置在同群企业创新投资行为上，引进或学习同群企业的创新投资经验，更有利于企业克服创新投资带来的高耗时性和高风险性。因此，处于高技术要求行业中的企业在外部技术竞争压力和内部研发压力的综合作用下，管理者更有动机将注意力配置在同群企业创新投资行为上。相较于低技术要求行业而言，高技术要求行业中的企业管理者通过密切关注同群企业的创新投资行为，使企业能够紧跟行业技术要求，把握行业技术前沿，降低因落后于行业技术水平而被淘汰的风险。基于以上分析，提出假设 4-3b。

假设 4-3b：行业技术要求越高，管理者创新注意力在同群效应下企业创新投资行为传导路径中发挥中介效应越大。

4.3 研究设计

4.3.1 变量设计与模型构建

鉴于结构方程模型能够清晰地刻画变量间的影响路径，本章采用结构方程模型（SEM）分析企业创新投资行为的传导路径。结构方程模型包括测量方程与结构方程，变量可以区分为潜变量与测量变量。测量方程描述潜变量与测量变量之间的关系，结构方程描述潜变量之间的关系。

同群企业创新投资行为（用"Innovation_P"表示）是外衍潜变量，焦点企业创新投资行为（用"Innovation"表示）和焦点企业管理者创新注意力（用"Attention"表示）是内衍潜变量。

企业创新投资行为的测量变量包括：研发支出与总资产之比[360]，同群企业和焦点企业的该变量分别用"RDA_P"和"RDA"表示；研发支出与营业收入之比[361]，同群企业和焦点企业的该变量分别用"RDI_P"和"RDI"表示；研发支出与营业成本之比[362]，同群企业和焦点企业的该变量分别用"RDC_P"和"RDC"表示。其中，同群企业创新投资各测量变量为上一期剔除焦点企业自身的同行业的创新投资指标的平均值。

管理者创新注意力是管理者对创新投资行为认知焦点的反应，难以直接通过企业公开的财务数据进行测度。为了更为稳健地测度该指标，本章采用两种不同的方法：一是考虑到管理者注意力会外化在其行为偏好上，在结构方程模型中设计多个测量指标从多角度反映管理者与创新投资相关的行为偏好；二是在稳健性检验中采用文本分析法进行测算。结构方程模型中焦点企业管理者创新注意力测量变量借鉴相关研究[363-365]，设计如下：平静生活偏好（Technique，计算方法是"企业技术人员/员工总数"）、风险偏好［Risk，计算方法是"（交易性金融资产+应收账款+可供出售金融资产+持有至到期投资+投资性房地产+其他权益工具投资）/总资产"］、内源融资偏好［Internal，计算方法是"企业期初现金及现金等价物余额/期初总资产"］、规模偏好［Invest，计算方法是"（本期固定资产

-上期固定资产)/上期固定资产"〕和花费偏好（Wage，计算方法是"工资总额/员工总数"）。

根据本章假设，焦点企业管理者创新注意力可能是同群企业创新投资行为影响焦点企业创新投资行为的中介变量。因此，同群企业创新投资对焦点企业创新投资的影响有两条路径："同群企业创新投资行为→焦点企业创新投资行为"和"同群企业创新投资行为→焦点企业管理者创新注意力→焦点企业创新投资行为"。据此构建结构方程模型如图4.1所示。

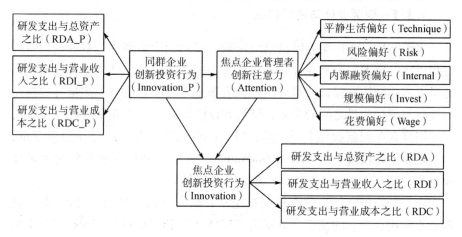

图 4.1　结构方程模型构建

4.3.2　样本选取与数据来源

本章选取 2015—2021 年剔除 ST 和 ∗ST 公司后的 A 股上市公司为研究样本，由于同群企业创新投资传导到焦点企业需要一个过程，因此将同群企业数据滞后一期，为 2014—2020 年。Kumar 和 Li（2016）将研发支出不为 0 的企业界定为研发活跃型企业[325]，与第 3 章一致，本章亦将研究范围限定在研发活跃型企业，最终样本观测值为 12 186 个。以是否处于同一行业作为同群企业的界定标准，参照证监会行业类别代码表（2012 年修订版），将除制造业外的企业按照一级行业分类代码界定为同一行业，将制造业按照二级行业分类代码界定为同一行业。研究所需数据主要来自 CSMAR 数据库，部分缺失数据通过上海证券交易所、深证证券交易所、上市公司官网和新浪财经网站查找补充。

4.4 实证结果

4.4.1 模型拟合结果

在结构方程模型的检验上，没有单一指标可以作为唯一明确的规范，理想化的适配指标不存在。就实务应用而言，主要将卡方值自由度之比、RMR、GIF、RMSEA、CFI 等指标作为判别模型是否达成整体适配程度的依据。参照邱皓政（2005）的观点，直接应用卡方检验判断一个模型是否拟合并不妥当，当样本容量较大时需要综合考虑其他的拟合指标[366]。本章样本量较大，因此，不以卡方值以及卡方自由度比作为模型拟合优度评价指标。通过观察表 4.1 中绝对适配度、增值适配度和简约适配度指标，均符合模型适配标准，本章构建模型拟合度较好。

表 4.1　模型拟合结果

适配类型	统计检验量	模型拟合值	适配标准	是否适配
绝对适配度	RMR	0.001	<0.05	是
	GFI	0.946	>0.90	是
	AGFI	0.914	>0.90	是
	RMSEA	0.087	<0.10	是
增值适配度	NFI	0.953	>0.90	是
	CFI	0.954	>0.90	是
	IFI	0.954	>0.90	是
简约适配度	PGFI	0.588	>0.50	是
	PNFI	0.711	>0.50	是

4.4.2 路径检验

本章结构方程模型采用极大似然法来估计参数，标准化路径如图 4.2 所示，路径检验结果如表 4.2 所示。可以发现，同群企业创新投资行为对焦点企业创新投资行为直接影响路径，即 "Innovation_P→Innovation" 的标准化路径系数为 0.336，且在 1% 水平上显著，表明该路径是成立的。同群企业创新投资行为对焦点企业管理者创新注意力、焦点企业管理者创新注意力对焦点企业创新投资行为的标准化路径系数分别为 0.600 和 0.390，均在 1%水平上显著，即"Innovation_P→Attention→Innovation"这条路径也是成立的。由此可知，同一行业内企业创新投资行为存在互动影响，具有同群效应。同时，可以初步判断焦点企业管理者创新注意力在同群企业创新投资行为对焦点企业创新投资行为的影响过程中发挥中介效应。为进一步验证该中介效应，本章继而进行中介效应检验。

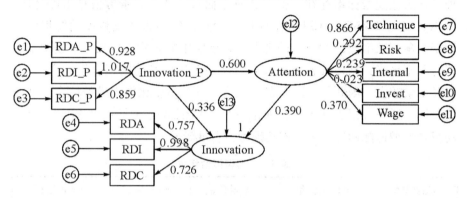

图 4.2　标准化路径估计

表 4.2　路径检验结果

路径	非标准化系数	标准化系数	C. R.	P
Innovation_P→Attention	9.241	0.600	67.002	＊＊＊
Innovation_P→Innovation	0.497	0.336	28.478	＊＊＊
Attention→Innovation	0.037	0.390	24.63	＊＊＊
Innovation_P→RDA_P	1	0.928		
Innovation_P→RDC_P	5.582	0.859	156.163	＊＊＊
Innovation_P→RDI_P	2.442	1.017	276.835	＊＊＊
Innovation→RDA	1	0.757		
Innovation→RDC	6.42	0.726	86.034	＊＊＊
Innovation→RDI	2.679	0.998	106.736	＊＊＊
Attention→Technique	1	0.866		
Attention→Risk	0.219	0.292	27.046	＊＊＊

表4.2(续)

路径	非标准化系数	标准化系数	C. R.	P
Attention→Internal	0.163	0.239	22.686	* * *
Attention→Invest	0.201	0.023	2.306	* *
Attention→Wage	0.166	0.370	32.952	* * *

4.4.3 中介效应检验

运用 Bootstrap 检验方法[367]，对焦点企业管理者创新注意力的中介效应进行检验，结果见表4.3。在标准化估计下，同群企业创新投资行为对焦点企业创新投资行为影响过程的中介效应在95%置信水平有偏校正置信区间上限、下限分别为 0.209 和 0.264，百分位置信区间上限、下限分别为 0.208 和 0.262，上限、下限之间均不包括 0。由此可见，焦点企业管理者创新注意力在同群企业创新投资对焦点企业创新投资的影响中发挥显著的中介效应，假设 4-1 得到验证。

表 4.3 中介效应 Bootstrap 检验

	S. E.	Bias-corrected 95%CI		Percentile 95%CI	
		Lower	Upper	Lower	Upper
非标准化路径	0.024	0.301	0.398	0.300	0.396
标准化路径	0.014	0.209	0.264	0.208	0.262

进一步地，本章测算了同群企业创新投资行为对焦点企业创新投资行为影响的标准化直接效应和中介效应值以及相应的效应值贡献度占比，结果见表4.4。参考李春红等（2014）的研究，贡献度是指同群企业创新投资行为通过某一路径对焦点企业创新投资行为的绝对影响贡献度[368]。表4.4 中直接效应在总效应中的贡献度占比为 58.95%，中介效应在总效应中的贡献度占比为 41.05%，由此亦可证明焦点企业管理者创新注意力在同群效应下企业创新投资行为传导路径中发挥着较强的中介效应。

表 4.4　效应分析

效应类型	效应值	贡献度占比
直接效应	0.336	58.95%
中介效应	0.234	41.05%
总效应	0.570	100%

4.4.4　多群组结构方程检验

（1）管理者特征多群组结构方程检验

一是管理者能力多群组结构方程检验。

为探究管理者能力特征下焦点企业管理者创新注意力在企业创新投资行为传导路径上所发挥中介效应的差异，根据焦点企业管理者能力高低分组并进行多群组结构方程检验。将同一行业内企业按管理者能力由高到低进行排序，处于前 1/2 的为管理者能力高组，处于后 1/2 的为管理者能力低组。参照 Demerjian et al.（2012）的方法[345]，结合 DEA 和 Tobit 模型来测算管理者能力。首先，运用 DEA 模型测算企业效率值。将企业的营业收入作为产出变量，将固定资产净额、无形资产净额、商誉、营业成本、研发支出、销售与管理费用作为投入变量，以"企业-年度"作为一个决策单元，运用 DEA 数据包络分析测算企业效率值。其次，运用 Tobit 模型测算企业管理者能力。由于企业和管理者两个层面的因素均会影响 DEA 模型所测算的效率值，因此，建立模型（4.1）分行业对效率值与企业层面的因素进行 Tobit 回归，Tobit 模型分离所得残差 ε_t 即为管理者能力。

$$\text{Tobit}(\text{Score}_t) = \alpha_0 + \alpha_1 \text{Size}_t + \alpha_2 \text{Share}_t + \alpha_3 \text{FCF}_t + \alpha_4 \text{FCI}_t + \alpha_5 \text{DIV}_t +$$
$$\alpha_6 \text{Age}_t + \sum \text{Year} + \varepsilon_t \tag{4.1}$$

其中，Score 为 DEA 模型测算出的企业效率值，Size 为企业规模，以总资产的自然对数来测度；Share 为市场份额，以企业营业收入占所处行业营业总收入的比重来测度；FCF 为企业自由现金流水平，若企业自由现金流大于 0，FCF 取值为 1，否则 FCF 取值为 0；FCI 为国际化程度，以企业海外营业收入占营业收入的比重来测度；DIV 为企业业务复杂度，以企业各业务部门的收入除以总收入的平方和来测度；Age 为企业年龄，以企业成立年限加 1 后取自然对数来测度。

表 4.5 列示了以焦点企业管理者能力强弱为分组依据的多群组路径检

验结果，两组样本的创新投资直接传导路径"Innovation_P→Innovation"和焦点企业管理者创新注意力中介路径"Innovation_P→Attention→Innovation"均显著，即两组企业创新投资行为都会受到同群企业的影响，并且焦点企业管理者创新注意力在创新投资行为传导过程中发挥显著的中介效应。进一步对管理者能力强组和管理者能力弱组路径影响效应进行分析的结果如表4.6所示。管理者能力强组中介效应贡献度占比为49.82%，管理者能力弱组中介效应贡献度占比为44.39%，管理者能力高组中介效应贡献度占比>管理者能力低组中介效应贡献度占比，这表明管理能力越强，管理者创新注意力在企业创新投资行为传导过程中的中介效应越大，假设4-2a成立。

表4.5　多群组路径检验结果

类别	组别	路径	标准化路径系数	C. R.
管理者能力	管理者能力强	Innovation_P→Attention	0.645***	48.599
		Innovation_P→Innovation	0.285***	15.667
		Attention→Innovation	0.438***	17.592
	管理者能力弱	Innovation_P→Attention	0.570***	46.061
		Innovation_P→Innovation	0.327***	20.559
		Attention→Innovation	0.458***	20.035
管理者权力	管理者权力大	Innovation_P→Attention	0.622***	49.618
		Innovation_P→Innovation	0.287***	15.902
		Attention→Innovation	0.453***	18.243
	管理者权力小	Innovation_P→Attention	0.583***	45.669
		Innovation_P→Innovation	0.371***	23.500
		Attention→Innovation	0.349***	16.588
行业竞争程度	行业竞争程度高	Innovation_P→Attention	0.638***	58.710
		Innovation_P→Innovation	0.221***	11.926
		Attention→Innovation	0.506***	23.805
	行业竞争程度低	Innovation_P→Attention	0.412***	26.798
		Innovation_P→Innovation	0.452***	25.487
		Attention→Innovation	0.168***	7.638

表4.5(续)

类别	组别	路径	标准化路径系数	C. R.
行业技术要求	高科技行业	Innovation_P→Attention	0.724***	70.985
		Innovation_P→Innovation	0.118***	6.749
		Attention→Innovation	0.576***	24.910
	非高科技行业	Innovation_P→Attention	0.340***	13.344
		Innovation_P→Innovation	0.223***	9.222
		Attention→Innovation	0.248***	5.839

二是管理者权力多群组结构方程检验。

为探究管理者权力特征下焦点企业管理者创新注意力在企业创新投资行为传导路径上中介效应的差异，根据焦点企业管理者权力大小分组并进行多群组结构方程检验。将同一行业内企业按管理者权力由大到小进行排序，处于前1/2的为管理者权力大组，处于后1/2的为管理者权力小组。管理者权力涉及公司治理的多个方面，是一个综合性概念，用单一指标衡量欠缺客观性和全面性，因此该变量的测算方法借鉴戴璐等（2021）的思路[369]，将CEO与董事长是否两职合一、CEO任期、企业内部董事占比三个反映管理者权力的指标运用主成分分析法合并成一个综合性的指标，该指标数值越大，表示企业管理者权力越大。

根据焦点企业管理者权力大小进行分组的多群组路径检验结果如表4.5所示，两组样本的创新投资直接传导路径"Innovation_P→Innovation"和焦点企业管理者创新注意力中介路径"Innovation_P→Attention→Innovation"均显著，说明管理者权力大的企业和管理者权力小的企业创新投资行为都会受到同群企业的影响，并且焦点企业管理者创新注意力在企业创新投资行为传导过程中发挥显著的中介效应。进一步对两组样本的路径影响效应进行分析，表4.6中结果显示：管理者权力大组中介效应贡献度占比为49.56%，管理者权力小组中介效应贡献度占比为35.37%，管理者权力大组中介效应贡献度占比>管理者权力小组中介效应贡献度占比，表明管理者权力越大，管理者创新注意力在同群效应下企业创新投资行为传导路径上发挥的中介效应越大，假设4-2b成立。

（2）行业特征多群组结构方程检验

一是行业竞争程度多群组结构方程检验。

为探究不同行业竞争程度下焦点企业管理者创新注意力在企业创新投

资行为传导路径上中介效应的差异，将企业按行业竞争程度高低分组并进行多群组结构方程检验。以企业营业收入为基础计算所处行业的 HHI 指数，HHI 指数越高，表明行业竞争程度越低。参照彭镇等（2020）的做法[244]，将 HHI 指数小于 0.1 的行业视为竞争程度高的行业，将 HHI 指数大于或等于 0.1 的行业视为竞争程度低的行业。

以行业竞争程度为分组依据的多群组检验结果如表 4.5 所示。可以发现，两类群组的创新投资直接传导路径"Innovation_P→Innovation"和焦点企业管理者创新注意力中介路径"Innovation_P→Attention→Innovation"均显著，即所处行业竞争程度高的企业和所处行业竞争程度低的企业创新投资都会受到同群企业的影响，并且管理者创新注意力在企业创新投资行为传导过程中发挥显著的中介效应。表 4.6 进一步对两类群组的路径影响效应进行了分析，结果显示：行业竞争程度高组的中介效应贡献度占比为 59.38%，行业竞争程度低组的中介效应贡献度占比为 13.24%，行业竞争程度高组中介效应贡献度占比>行业竞争程度低组中介效应贡献度占比，这表明行业竞争程度越高，管理者创新注意力在企业创新投资行为传导路径上发挥的中介效应越大，假设 4-3a 成立。

表 4.6　多群组效应分析

类别	组别	直接效应	中介效应	总效应	中介效应贡献度占比
管理者能力	管理者能力强	0.285	0.283	0.568	49.82%
	管理者能力弱	0.327	0.261	0.588	44.39%
管理者权力	管理者权力大	0.287	0.282	0.569	49.56%
	管理者权力小	0.371	0.203	0.574	35.37%
行业竞争程度	行业竞争程度高	0.221	0.323	0.544	59.38%
	行业竞争程度低	0.452	0.069	0.521	13.24%
行业技术要求	高科技行业	0.118	0.417	0.535	77.94%
	非高科技行业	0.223	0.084	0.307	27.36%

二是行业技术要求多群组结构方程检验。

为探究不同行业技术要求水平下焦点企业管理者创新注意力在企业创新投资行为传导路径上中介效应的差异，将企业按行业技术要求高低分组并进行多群组结构方程检验。高科技行业的技术要求水平通常较高，参照彭红星和毛新述（2017）对高科技行业的界定标准[370]，将制造业（C）、信息传输、软件和信息技术服务业（I），科学研究和技术服务业（M）三个《上市公司行业分类指引（2012 年修订）》行业门类中的科技水平较高的 19 个大类（具体到二级行业分类）行业视为高科技行业，即技术要求较高的行业，除该 19 个大类行业之外的行业为非高科技行业，即技术要求较低的行业。

对两类行业样本进行多群组检验，表 4.5 中结果表明，高科技行业和非高科技行业组的"Innovation_P→Innovation""Innovation_P→Attention→Innovation"两条路径均显著，表明行业技术要求高的企业和行业技术要求低的企业创新投资行为都会受到同群企业的影响，并且管理者创新注意力在企业创新投资行为传导过程中发挥显著的中介效应。对影响效应进一步分析，结果如表 4.6 所示，高科技行业组的中介效应贡献度占比为 77.94%，非高科技行业组的中介效应贡献度占比为 27.36%，也就是说，高科技行业组中介效应贡献度占比>非高科技行业组中介效应贡献度占比，这表明行业技术要求越高，管理者创新注意力在企业创新投资行为传导过程中发挥的中介效应越大，假设 4-3b 成立。

综上所述，将多群组检验结果汇总如表 4.7 所示，假设 4-2a、假设 4-2b、假设 4-3a 和假设 4-3b 均通过检验。

表 4.7　多群组检验结果汇总

假设	是否通过检验
4-2a	是
4-2b	是
4-3a	是
4-3b	是

4.4.5　稳健性检验

创新投资行为的传导是一个复杂过程，如何将过程中的核心因素和主要路径抽象出具体模型并完成检验，是本章的一个关键问题。在构建结构方程模型用于企业创新投资行为传导路径检验的基础上，本章采用 Baron 和 Kenny（1986）提出的三步判定中介效应的标准进行同群效应下企业创新投资行为传导路径的稳健性检验，并判断中介变量发挥的是完全中介效应还是部分中介效应[371]。

（1）主要变量测度

①因变量和自变量。结构方程模型中同群企业创新投资行为和焦点企业创新投资行为都涉及若干个测量变量，用单一测量变量测度综合性相对较低，因此，在稳健性检验部分对结构方程模型中焦点企业创新投资行为和同群企业创新投资行为涉及的多个测量变量分别采用因子分析法进行降维处理，转换成两个综合性变量。鉴于因变量和自变量测算过程类似，本部分仅列示因变量焦点企业创新投资行为的测度过程。

首先，进行 KMO 和 Bartlett 检验，KMO 值为 0.658。一般认为，KMO 大于 0.5 时可以进行因子分析。其次，采用主成分分析法基于特征值大于 1 的标准提取第 1 个因子，如表 4.8 所示，累积方差贡献率达到 78.419%，高于 60%，说明因子分析方法是有效的。再次，选择最大方差法进行旋转，得到旋转成分矩阵。最后，以因子旋转后的方差贡献率为权重求得各样本企业的综合得分，用以测度焦点企业创新投资行为。

表 4.8　方差贡献率

成分	初始特征值			提取载荷平方和			旋转载荷平方和		
	总计	方差%	累积%	总计	方差%	累积%	总计	方差%	累积%
1	2.353	78.419	78.419	2.353	78.419	78.419	2.353	78.419	78.419
2	0.459	15.311	93.730						
3	0.188	6.270	100.000						

②中介变量。上文构建的结构方程模型从管理者认知反映在其行为偏好的视角来测度管理者创新注意力，在稳健性检验中采用文本分析的思路来对管理者创新注意力这一指标进行测度。国外学者对管理者注意力进行文本分析的基础材料多采用年报中"致股东的信"[86,372]，我国未强制企业对这部分信息进行披露。从可获取的公开资料来看，上市公司年报中"经营情况讨论与分析"部分包含了管理层对公司经营情况的"回顾"和"展望"，并且"展望"部分可以体现管理层对公司未来发展的战略和计划安排，是其注意力的外化表现。由于管理者注意力落实到企业实践层面需要一定的时间，因此，以观测年度上一期年报"经营情况讨论与分析"中"未来展望"部分作为管理者创新注意力变量的原始文本分析材料。管理者创新注意力变量获取过程如下：首先，从上市公司年报中截取并存储

"经营情况讨论与分析"中"未来展望"部分;其次,运用关键词法,参照李岩琼和姚颐(2020)、Muslu et al.(2015)、Merkley(2014)的研究[373-375],构建创新相关关键词,包括"创新""研发""研制""专利""技术"等20个词汇;再次,运用 Python 软件的"Jieba"分词模块对"未来展望"部分的文本进行自动分词并统计创新相关关键词字数;最后,计算每个样本企业创新相关关键词字数占"未来展望"部分文本总字数之比,作为管理者创新注意力的度量指标。

（2）中介效应判定模型建立

根据 Baron 和 Kenny(1986)三步判定中介效应方法的判别程序[371],构建回归模型如模型（4.2）~模型（4.4）所示。

$$\text{Innovation}_{i,t} = \alpha_0 + \alpha_1 \text{Innovation\_P}_{i,t-1} + \alpha_2 \text{Age}_{i,t} + \alpha_3 \text{Tangi}_{i,t} +$$
$$\alpha_4 \text{Subs}_{i,t} + \alpha_5 \text{Lev}_{i,t} + \alpha_6 \text{Roa}_{i,t} + \alpha_7 \text{Tobinq}_{i,t} + \alpha_8 \text{Top}_{i,t} +$$
$$\alpha_9 \text{Dual}_{i,t} + \varepsilon_{i,t} \tag{4.2}$$

$$\text{Attention}_{i,t-1} = \beta_0 + \beta_1 \text{Innovation\_P}_{i,t-1} + \beta_2 \text{Age}_{i,t-1} + \beta_3 \text{Tangi}_{i,t-1} +$$
$$\beta_4 \text{Subs}_{i,t-1} + \beta_5 \text{Lev}_{i,t-1} + \beta_6 \text{Roa}_{i,t-1} + \beta_7 \text{Tobinq}_{i,t-1} + \beta_8 \text{Top}_{i,t-1} +$$
$$\beta_9 \text{Dual}_{i,t-1} + \varepsilon_{i,t-1} \tag{4.3}$$

$$\text{Innovation}_{i,t} = \gamma_0 + \gamma_1 \text{Innovation\_P}_{i,t-1} + \gamma_2 \text{Attention}_{i,t-1} +$$
$$\gamma_3 \text{Age}_{i,t} + \gamma_4 \text{Tangi}_{i,t} + \gamma_5 \text{Subs}_{i,t} + \gamma_6 \text{Lev}_{i,t} +$$
$$\gamma_7 \text{Roa}_{i,t} + \gamma_8 \text{Tobinq}_{i,t} + \gamma_9 \text{Top}_{i,t} + \gamma_{10} \text{Dual}_{i,t} + \varepsilon_{i,t} \tag{4.4}$$

参照王楠等(2017)、杨柳青等(2016)、曹婷和李婉丽(2020)等学者的研究[322-324],控制变量包括:企业年龄(Age),即 ln(观测年份-成立年份+1);有形资产比率(Tangi),即期末固定资产/期末总资产;政府补助(Subs),即 ln(政府补助总额);资产负债率(Lev),即负债/总资产;总资产收益率(Roa),即净利润/总资产;托宾 Q 值(Tobinq),即市值/总资产;第一大股东持股比例(Top),即第一大股东持股数量/总股数;两职合一(Dual),即若董事长和总经理为同一人取1,否则取0。

（3）模型回归结果

采用固定效应模型,对模型（4.2）~模型（4.4）进行回归。检验结果如表4.9列（1）~列（3）所示。列（1）中自变量 Innovation_P 的回归系数为0.197,在1%的水平上显著,说明同群企业的创新投资行为能够显著促进焦点企业的创新投资。列（2）中自变量 Innovation_P 的回归系数为0.099,在1%的水平上显著,说明同群企业创新投资行为能够显著正向影响焦点企业管理者创新注意力。列（3）中自变量 Innovation_P 和中介变量 Attention 的系数均显著为正，并且 Innovation_P 的系数为 0.193，相较于在列（1）中的系数有所降低，说明焦点企业管理者创新注意力在同群企业创新投资行为向焦点企业传导的过程中发挥部分中介效应，与本章结构方程模型检验的结论一致。

表 4.9　三步中介法中介效应检验结果

| | （1） | （2） | （3） |
	Innovation	Attention	Innovation
Innovation_P	0.197 *** （7.850）	0.099 *** （2.889）	0.193 *** （7.781）
Attention			0.017 ** （2.261）
Age	0.011 *** （6.267）	0.005 ** （2.208）	0.011 *** （6.215）
Tangi	0.006 * （1.890）	0.004 （0.925）	0.006 * （1.869）
Subs	0.001 *** （5.804）	0.000 （0.323）	0.001 *** （5.798）
Lev	−0.027 *** （−13.046）	−0.004 （−1.375）	−0.027 *** （−13.016）
Roa	−0.083 *** （−23.375）	−0.008 （−1.607）	−0.083 *** （−23.339）
Tobinq	0.000 （0.276）	0.000 * （1.656）	0.000 （0.237）
Top	0.007 * （1.895）	0.003 （0.683）	0.007 * （1.879）
Dual	0.000 （0.445）	−0.001 （−0.704）	0.000 （0.462）
常数项	−0.006 （−1.002）	0.055 *** （6.917）	−0.007 （−1.160）
样本量	12 186	12 186	12 186
Within R^2	0.088 2	0.003 3	0.088 7

4.5　研究结论与启示

本章以我国 A 股创新活跃型上市企业为研究样本，通过构建结构方程模型，实证检验了同群效应下企业创新投资行为的传导路径，结果表明，同群企业创新投资行为向焦点企业传导过程中，焦点企业管理者创新注意力发挥重要的中介效应，同群企业通过焦点企业管理者注意力这个关键节点对焦点企业创新投资产生更大的影响力。在企业创新投资行为的传导过程中，焦点企业管理者特征和行业特征对焦点企业管理者创新注意力的中介效应具有异质性影响。从管理者特征层面来看，焦点企业管理者能力越强、管理者权力较大，管理者创新注意力在同行业企业之间创新投资行为传导路径中发挥的中介效应越大；从行业特征层面来看，行业竞争程度越高、技术要求水平越高，焦点企业管理者创新注意力在同行业企业之间创新投资行为传导路径中发挥的中介效应越显著。

本章研究的理论启示在于：企业创新投资决策在很大程度上取决于管理者的认知与判断能力。管理者是企业创新投资行为同群效应的重要推手，在同行业企业之间创新投资行为的互动影响过程中，管理者是重要的桥梁，发挥着关键性作用。同行业企业之间创新投资行为的互动影响以信息流动为前提，探索这种互动影响的首要关键问题在于揭示创新投资信息和资源在企业间传递的媒介。同群企业的创新投资行为在被焦点企业管理者注意力捕捉后，焦点企业管理者结合本企业具体情况进行分析、判断，然后通过管理者自身的影响力，将个人注意力上升为企业创新投资决策。在同群效应下，管理者创新注意力是企业创新投资行为传导路径中的关键传导节点，显著影响同行业企业之间创新投资行为传导的力度。因此，在对企业创新投资行为同群效应的研究过程中，应充分重视企业管理者创新注意力的关键中介作用。

实践启示在于：①企业应注重培养或聘任高能力管理者，管理者在沟通、协调、计划、决策、控制和分析等各个环节应进一步提升自身能力，准确把握同群企业创新投资状况，并有效推动本企业创新投资战略的落实。②企业应优化管理层治理机制，保证管理者权力的有效性，促使其决策动机有利于企业创新投资长期发展目标，通过确保管理者的管理自主权，提升企业创新投资活动的实施效率和力度。③处于竞争性行业中的企业管理者应将注意力配置在同行企业的创新投资行为动向上，并通过持续不断地提升创新能力，将来自竞争对手的创新压力转化为创新动力，从而促进行业整体创新水平提升。④在注重自主研发的同时，高科技行业的管理者也应密切关注同群企业的创新投资行为，时刻掌握行业创新投资技术前沿信息，加强行业创新投资互动，发掘同群企业创新优势，通过学习同群企业创新经验进一步提升自主创新能力，实现技术升级和技术进步。

5 社会网络关系对同群效应下企业创新投资行为传导路径的影响

5.1 引言

作为国家创新驱动发展战略的微观决策主体，企业创新投资决策会受其所处外部信息环境的影响。企业之间创新投资行为的互动影响依靠信息流动，故信息获取能力的高低影响同群效应下企业创新投资行为的传导效果。信息不对称理论认为经济活动中个体获取的信息是有差异的，信息掌握的多寡影响未来决策的确定性。根据不确定性降低理论，当个体感受到不确定性时，会对某些群体产生认同，以此降低或控制他们感受到的不确定性[5]。考虑到获取相关信息的成本和不确定性的性质，企业可能会参考同行业或具有相似属性的其他企业的决策[376]。企业管理者在进行创新投资决策时往往会学习或模仿具有信息优势的企业，管理者的社会学习使得企业之间决策相互影响和依赖[377]，基于信息获取的学习性模仿是驱动企业创新投资决策同群效应的重要因素。企业创新投资具有高投入、高不确定性的特点，在创新决策过程中企业掌握的信息数量越多、信息质量越可靠，则可以在一定程度上降低创新投资活动的风险。因此，管理者信息获取渠道的多少影响企业之间创新投资决策相互影响和依赖的程度。

嵌入性理论表明企业与其外部环境中的其他企业具有或多或少的联系，企业的经济行为受其所嵌入社会网络的影响[111]，其中，关系嵌入性指个体基于互惠预期而形成双向关系，将个体行为嵌入在其所处的关系网络中。企业嵌入的社会网络可以提高信息交流速度和资源获取效率。在企业社会关系网络化的背景下，除自身经营特征的约束外，企业财务决策还会受到其所处社会网络关系中诸多因素的影响。基于资源依赖理论和社会资本理论，企业生存需要从环境中获取资源，社会网络关系有助于构建企业间信息和管理经验的低成本交流渠道，进而发挥投资协同效应或增强企业动态获取创新资源的能力[378-379]。Lai et al.（2009）从组织学习的角度分析，认为关系学习是组织的战略性资产，具有网络关系的组织之间互相学习，可以促使组织创造更大价值，产生更强的竞争优势[64]。

社会网络关系是个体在社会活动中产生的各种联系[278]。企业社会网络关系涵盖企业和客户、供应商、银行、媒体等多重关系，其中，连锁董事和连锁股东为代表的连锁关系以及管理者通过校友和老乡建立起来的人情关系是企业社会网络关系的重要内容。根据高阶梯队理论，通过董事兼任和股东同时持股多家企业所形成的管理连锁关系和投资连锁关系可对管理者创新投资决策进行干预，管理者之间基于学缘或地缘而形成的校友关系和老乡关系也可对管理者创新投资决策产生影响。具有连锁关系和人情关系的企业之间联系更为紧密，能够通过共享或合作强化企业之间信息和资源的传递，对企业创新信息交流和资源获取具有更强的促进效应。因此，本章从企业社会网络关系中抽选出对企业创新投资决策产生重要影响的连锁关系和人情关系，并考察以这两类关系为代表的社会网络关系在企业创新投资行为传导过程中的具体作用。

基于以上分析，本章结合嵌入性、高阶梯队和组织学习等相关理论，从焦点企业信息获取渠道视角入手，探索连锁关系和人情关系这两类对管理者创新投资决策产生重要影响的社会网络关系对同群效应下企业创新投资行为传导路径的调节效应。本章的贡献在于：①以信息获取渠道为切入点，同时将企业嵌入社会网络，从焦点企业与同群企业所具有的连锁关系和人情关系的角度衡量企业信息获取能力，扩展了对企业创新投资行为同群效应影响因素的研究视角。②相较于企业与客户、供应商、银行、媒体等层面的网络关系，以董事兼任和股东同时持股多家企业所形成的连锁关系和管理者通过校友和老乡建立起来的人情关系，可对管理者决策产生更为直接或关键性的作用，因此本章从管理者的社会网络关系中抽选出对企业创新投资行为影响较大的连锁关系和人情关系，厘清连锁董事、连锁股东、管理者的校友关系和老乡关系在同群企业创新投资行为传导过程中各路径上的作用效果及差异。相关研究结论可为企业充分运用社会网络资源来提升创新投资水平提供参考。

5.2 理论分析与研究假设

5.2.1 连锁关系对企业创新投资行为传导路径的调节效应

（1）连锁董事对企业创新投资行为传导路径的调节效应

根据嵌入性理论，连锁董事是企业关系网络中可靠且低成本的网络形态之一，作为一种非正式的制度安排，成为企业建立外部联结进而拓展外部生存空间的重要手段[380]。一方面，连锁董事可以促进企业之间创新相关信息的交流，发挥知识传播载体的作用。企业选取创新投资项目和进行投资价值评估不可避免地会产生信息成本和交易成本，连锁董事的存在可以降低企业间信息不对称，帮助企业以较低的成本获取投资机会。由于加强了项目执行背景、执行要素和执行结果等信息的传递，具有连锁董事的企业更倾向于做出与同行业其他企业相似的投资决策[244]。另一方面，连锁董事是企业获取外部创新资源的重要途径，发挥资源流动载体的作用。资源依赖理论假设组织通常无法自给自足，需要与其周围环境进行互动，在与环境的交换中获取所需资源，形成组织对外部环境的依赖，而组织间诸如连锁董事的非正式联结可以稳定这种相互依赖关系[381]。已有研究表明，连锁董事网络有助于企业获取创新投资所需资源，提高企业创新水平[382]。因此，根据以上两种作用机制，连锁董事在企业创新投资行为传导过程中能够促进企业对创新知识的吸收，同时有助于企业获取更多的创新投资资源，进而强化同群效应下企业之间创新投资行为的传导效果。基于以上分析，提出假设5-1。

假设5-1：连锁董事对同群效应下企业创新投资行为传导路径具有调节效应。

（2）连锁股东对企业创新投资行为传导路径的调节效应

企业创新理论经历了"自主创新—合作创新—网络创新"的发展历程[383]。自主创新依赖于企业自身的能力和拥有的资源，合作创新旨在与其他企业合作中获取创新相关的资源，网络创新则可以进一步加强企业间知识流动和信息沟通，促成企业之间创新资源共享。基于关系嵌入的合作创新以及边界更为宽泛的基于网络嵌入的网络创新都强调外部信息和资源的引入，通过企业间合作或形成创新联盟网络加速知识和信息的整合速度和共享效率[384]。连锁股东有助于持股企业间开展合作创新或网络创新，促成企业间战略性合作，尤其是持股同一行业企业的连锁股东能够促进企业间形成联合投资或建立战略联盟，进而提高企业创新能力[385]。在这一过程中，创新知识和信息在企业间的流动性更强，信息不对称问题得以缓解，管理者创新注意力更容易配置在同群企业的创新战略和创新技术上，同时在开展自身创新活动时可以从同群企业获取有价值的经验借鉴。另外，行业内率先开展创新投资的企业投入成本往往较高，由于技术创新的外溢特点，其他企业在其研发基础上可以相对较低的成本获取相同的回报，即其他企业可能会发生"搭便车"的行为[386]，长期来看，这种行为将影响企业创新研发的积极性。连锁股东的存在可以内化技术创新溢出的外部性[387]，激发企业创新投资动机，促进同行企业之间技术创新投资行为的相互影响与带动。基于以上分析，提出假设5-2。

假设5-2：连锁股东对同群效应下企业创新投资行为传导路径具有调节效应。

5.2.2 人情关系对企业创新投资行为传导路径的调节效应

（1）校友关系对企业创新投资行为传导路径的调节效应

我国高等教育不断普及和发展，以学缘关系为基础所形成的校友文化逐渐演变成对企业运营和个人经济行为具有较大影响的商帮文化。相同的教育经历可以拉进校友间的社会距离，促进校友对彼此身份的认同和信任，校友关系成为彼此情感维系的纽带，并积淀成为重要的精神财富[388]。作为一种普遍但又特殊的文化，校友关系具有三方面特征：一是校友文化具有鲜明的学校个性，二是校友具有"母校情节"，三是校友的凝聚力更强[389]。社会网络关系理论认为，具有相似人力资本特征的个体容易相互吸引，形成积极且频率较高的关系互动[390]，因此，处于同一行业或志趣相投的校友因具有相似的教育背景和价值观往往会建立起紧密的校友圈[389]，"圈子文化"有利于校友之间进行信息交流[279]。企业管理者所嵌入的校友关系为管理者之间构建了信息沟通渠道，借助于校友会等组织形式，能够加快校友关系所联结的管理者之间信息流动速度，提高信息传播效率。相较于一般的经济活动，企业创新投资面临的信息不对称程度较高，结果具有高度不确定性，需要更高的"智力资本"[388]，校友关系所带来的信息流动具有知识溢出效应，更能为企业创新投资活动提供知识上的保障。管理者的校友关系是企业特有的社会资本，是同行业企业之间创新投资行为相互影响过程中重要的信息传递渠道，有助于提升同群企业创新投资行为向焦点企业传导的效果。基于以上分析，提出假设5-3。

假设5-3：校友关系对同群效应下企业创新投资行为传导路径具有调节效应。

（2）老乡关系对企业创新投资行为传导路径的调节效应

老乡关系是以地缘关系为依托所形成的。儒家思想在中国有上千年的历史，这一思想强调人际关系和氏族关系，在传承过程中集体主义和宗族观念普遍受到重视，随着个人的成长和阅历的增加，人们往往对老乡身份产生更深的认同[391]。费孝通的差序格局理论认为，华人社会结构和组织行为中遵循着"亲而信"和"利相关"的人际交往模式，情义越深厚，交流越频繁，则关系质量越高。根据这一理论，作为一种基于地缘情结而形成的人情关系，老乡关系能够使来自同一区域的人们关系更加密切。社会认同理论认为，处于相似文化背景中的个体会产生天然的情感偏好[392]，因此，相同的地域背景和文化习俗能够使老乡之间建立更为紧密的社交网络，拉近彼此之间心理距离，形成"老乡圈子"[393]，例如，我国存在潮汕商帮、浙商总会等多个以地缘关系为纽带所形成的同乡商会。老乡之间彼此信任，并且由于相似的文化背景而能够进行更有效的沟通，因而从嵌入性角度来看，管理者所嵌入的"老乡圈子"这一社交网络可以促进信息在彼此之间传递。对于企业创新投资行为而言，同一行业内来自同一地区的企业管理者之间由于相似的经营业务和地域文化，在"老乡圈子"内可能会更为频繁地交流创新投资相关信息，从而使企业之间创新投资行为产生更强烈的相互影响与带动。基于以上分析，提出假设5-4。

假设5-4：老乡关系对同群效应下企业创新投资行为传导路径具有调节效应。

5.3 研究设计

5.3.1 变量设计

（1）因变量和自变量

参照张兆国等（2014）的研究[320]，本章以研发投入与营业收入之比衡量因变量焦点企业创新投资行为。借鉴万良勇等（2016）和 Ahern et al.（2014）的研究思路[14,321]，将上一期同行业中除焦点企业自身外的其他企业的创新投资（即研发投入与营业收入之比）平均值界定为自变量同群企业创新投资行为的替代变量。

（2）中介变量

和第 4 章稳健性检验中中介变量一致，本章以文本分析法测算的"管理者创新注意力"作为同行业企业之间创新投资行为传导过程的中介变量。国外学者对管理者注意力进行文本分析的基础材料多采用年报中"致股东的信"[86,372]，我国未强制企业对这部分信息进行披露。从可获取的公开资料来看，上市公司年报中"经营情况讨论与分析"包含了管理层对公司经营情况的"回顾"和"展望"，并且"展望"部分可以体现管理层对公司未来发展的战略和计划安排，是其注意力的外化表现。由于管理者注意力落实到企业实践层面需要一定的时间，因此，以观测年度上一期年报"经营情况讨论与分析"中"未来展望"部分作为管理者创新注意力变量的原始文本分析材料。管理者创新注意力变量获取过程如下：①从上市公司年报中截取并存储"经营情况讨论与分析"中"未来展望"部分；②运用关键词法，参照李岩琼和姚颐（2020）、Muslu et al.（2015）、Merkley（2014）的研究[373-375]，构建创新相关关键词，包括"创新""研发""研制""专利""技术"等 20 个词汇；③运用 Python 软件的"Jieba"分词模块对步骤①中的文本进行自动分词并统计创新相关关键词字数；④计算每个样本企业创新相关关键词字数占"未来展望"部分文本总字数之比，作为管理者创新注意力的度量指标。

（3）调节变量

本章从企业社会网络关系中抽选出对企业创新投资决策产生重要影响的连锁关系（包括连锁董事和连锁股东）和人情关系（包括管理者的校友关系和老乡关系）设置成调节变量。

①连锁关系。企业通过董事或股东关联的同行业企业越多，与同行业其他企业联系越为密切，越容易受到同行业其他企业财务决策的影响。参照严苏艳（2019）及倪娟等（2019）的研究[387,394]，将在同一年内任职同一行业两家及两家以上企业的董事定义为连锁董事，将在同一年内持股同一行业两家及两家以上企业的股东定义为连锁股东，采用通过连锁董事而产生的同行业关联企业数量作为连锁董事的替代变量，采用通过前十大股

东中的连锁股东而产生的关联企业数量作为连锁股东的替代变量。考虑到数据库中的数据特征，通过连锁董事而产生的关联企业数量采用每年年度数据，通过前十大股东中的连锁股东而产生的同行业关联企业数量借鉴潘越等（2020）的思路[378]，先计算出季度层面关联的同行业企业数量，再计算年度均值作为企业每年关联的同行业企业数量。

②人情关系。组织中的人情关系是指由血缘或亲缘（非血缘）所形成的关系，本章与张兆国等（2018）的研究一致[395]，从非血缘的角度界定人情关系，具体包括管理者的校友关系和老乡关系。参照于剑乔和罗婷（2021）的研究[396]，当同一行业内企业 A 和企业 B 的管理者本科或研究生毕业于同一院校时，说明企业 A 和企业 B 的管理者存在校友关系，因此，以焦点企业通过校友关系关联的同行业企业数量作为校友关系的替代变量。按照晏国菀等（2022）的思路[393]，当同一行业内企业 A 和企业 B 的管理者籍贯位于同一省份时，表明企业 A 和企业 B 的管理者存在老乡关系，因此，以焦点企业通过老乡关系关联的同行业企业数量作为老乡关系的替代变量。考虑到总经理和董事长对企业的创新投资决策影响更大，因而将校友关系和老乡关系中的管理者界定为总经理和董事长。

（4）控制变量

与前文一致，参照王楠等（2017）、杨柳青等（2016）、曹婷和李婉丽（2020）的研究[322-324]，本章控制了影响企业创新投资行为的多个变量，其中企业基本特征变量包括企业年龄，财务特征变量包括有形资产比率、政府补助、资产负债率、总资产收益率、托宾 Q 值，治理特征变量包括第一大股东持股比例、两职合一。各变量含义及计算过程如表5.1所示。

表 5.1 变量含义及计算过程

变量类型	变量符号	变量含义	计算公式
因变量	Innovation	焦点企业创新投资行为	焦点企业研发投入/营业收入
自变量	Innovation_P	同群企业创新投资行为	焦点企业所处行业剔除该企业后的其他企业"研发投入/营业收入"平均值
中介变量	Attention	焦点企业管理者创新注意力	年报"经营情况讨论与分析"中"未来展望"部分创新相关文本信息占比

变量类型	变量符号	变量含义	计算公式
调节变量	Director	连锁董事	焦点企业通过连锁董事而产生的同行业关联企业数量
	Shareholder	连锁股东	焦点企业通过前十大股东中的连锁股东而产生的同行业关联企业数量
	Alumni	校友关系	焦点企业通过管理者本科或研究生校友关系而关联的同行业企业数量
	Hometown	老乡关系	焦点企业通过管理者籍贯所在省份而关联的同行业企业数量
控制变量	Age	企业年限	ln（观测年份-成立年份+1）
	Tangi	有形资产比率	期末固定资产/期末总资产
	Subs	政府补助	ln（政府补助总额）
	Lev	资产负债率	负债/总资产
	Roa	总资产收益率	净利润/总资产
	Tobinq	托宾 Q 值	市值/总资产
	Top	第一大股东持股比例	第一大股东持股数量/总股数
	Dual	两职合一	若董事长和总经理同一人，取 1；否则，取 0

5.3.2 模型构建

和前文一致，考虑到同群企业创新投资行为传导到焦点企业需要一定的过程，本章将自变量、中介变量和调节变量滞后一期，参照温忠麟和叶宝娟（2014）提出的有调节的中介效应检验方法[397]，构建模型（5.1）~模型（5.3）用以检验连锁关系和人情关系在同群企业创新投资行为传导过程中的调节效应。

$$\text{Innovation}_{i,\,t} = \alpha_0 + \alpha_1\, \text{Innovation\_P}_{i,\,t-1} + \alpha_2\, \text{MV}_{i,\,t-1} + \alpha_3\, \text{MV}_{i,\,t-1} \times$$
$$\text{Innovation\_P}_{i,\,t-1} + \alpha_4\, \text{Age}_{i,\,t} + \alpha_5\, \text{Tangi}_{i,\,t} + \alpha_6\, \text{Subs}_{i,\,t} +$$
$$\alpha_7\, \text{Lev}_{i,\,t} + \alpha_8\, \text{Roa}_{i,\,t} + \alpha_9\, \text{Tobinq}_{i,\,t} + \alpha_{10}\, \text{Top}_{i,\,t} + \alpha_{11}\, \text{Dual}_{i,\,t} + \varepsilon_{i,\,t}$$

$$(5.1)$$

$$\text{Attention}_{i,\,t-1} = \beta_0 + \beta_1 \text{Innovation\_P}_{i,\,t-1} + \beta_2 \text{MV}_{i,\,t-1} +$$
$$\beta_3 \text{MV}_{i,\,t-1} \times \text{Innovation\_P}_{i,\,t-1} + \beta_4 \text{Age}_{i,\,t-1} + \beta_5 \text{Tangi}_{i,\,t-1} +$$
$$\beta_6 \text{Subs}_{i,\,t-1} + \beta_7 \text{Lev}_{i,\,t-1} + \beta_8 \text{Roa}_{i,\,t-1} + \beta_9 \text{Tobinq}_{i,\,t-1} + \beta_{10} \text{Top}_{i,\,t-1} +$$
$$\beta_{11} \text{Dual}_{i,\,t-1} + \varepsilon_{i,\,t-1} \tag{5.2}$$
$$\text{Innovation}_{i,\,t} = \gamma_0 + \gamma_1 \text{Innovation\_P}_{i,\,t-1} + \gamma_2 \text{MV}_{i,\,t-1} + \gamma_3 \text{Attention}_{i,\,t-1} +$$
$$\gamma_4 \text{MV}_{i,\,t-1} \times \text{Attention}_{i,\,t-1} + \gamma_5 \text{Age}_{i,\,t} + \gamma_6 \text{Tangi}_{i,\,t} + \gamma_7 \text{Subs}_{i,\,t} +$$
$$\gamma_8 \text{Lev}_{i,\,t} + \gamma_9 \text{Roa}_{i,\,t} + \gamma_{10} \text{Tobinq}_{i,\,t} + \gamma_{11} \text{Top}_{i,\,t} + \gamma_{12} \text{Dual}_{i,\,t} + \varepsilon_{i,\,t}$$
$$\tag{5.3}$$

其中，MV 为调节变量，依据假设 5-1～假设 5-4 分别为 Director、Shareholder、Alumni 和 Hometown。

模型（5.1）用于检验连锁关系或人情关系在"同群企业创新投资行为→焦点企业创新投资行为"这一直接路径中是否具有调节效应，若 MV×Innovation_P 的系数 α_3 显著，则调节效应存在。模型（5.2）和模型（5.3）用于检验连锁关系或人情关系在同群企业创新投资行为通过焦点企业管理者创新注意力影响焦点企业创新投资行为的中介效应中是否发挥调节效应。若模型（5.2）中 MV×Innovation_P 的系数 β_3 显著并且模型（5.3）中 Attention 的系数 γ_3 显著，则连锁关系或人情关系调节焦点企业管理者创新注意力中介效应的前半路径，即"同群企业创新投资行为→焦点企业管理者创新注意力"路径；若模型（5.2）中 Innovation_P 的系数 β_1 显著并且模型（5.3）中 MV×Attention 的系数 γ_4 显著，则连锁关系或人情关系调节焦点企业管理者创新注意力中介效应的后半路径，即"焦点企业管理者创新注意力→焦点企业创新投资行为"路径。

综上，构建本章的理论模型，如图 5.1 所示。

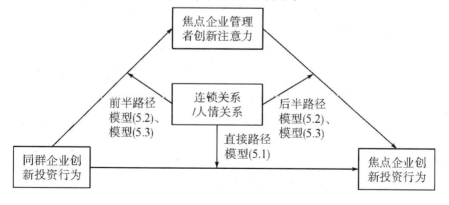

图 5.1　理论模型

5.3.3　样本选取与数据来源

与第 3 章和第 4 章样本选取方法一致，本章以 2015—2021 年剔除 ST、
＊ST 及金融业的 A 股研发活跃型上市公司为研究样本。为降低数据异常值
的影响，对主要连续变量进行了上下 1%缩尾处理。最终，获得样本观测
值 12 302 个。同群企业的界定标准以是否处于同一行业作为依据，参照证
监会行业类别代码表（2012 年修订版），将除制造业外的企业按照一级行
业分类代码界定为同一行业，制造业按照二级行业分类代码界定为同一行
业。因变量、自变量、调节变量所需数据主要来自 CSMAR 和 Wind 数据
库，部分缺失数据通过查找上市公司年度报告补全。中介变量所需数据通
过对上市公司年报"经营情况讨论与分析"中"未来展望"部分利用
Python 软件进行文本分析获取。数据处理主要采用 Stata 和 Python 软件。

5.4　变量特征与实证结果

5.4.1　变量特征

变量描述性统计如表 5.2 所示。因变量和自变量的特征与前面章节较
为一致。Attention 文本分析数据显示，创新相关关键词占年报中"未来展
望"部分的比重最小为 2.1%，最大为 17.8%，平均值为 7.70%，说明具
有创新投资的企业在其上期年报"未来展望"部分均会提及对创新的关
注，这在一定程度上验证本章的文本分析原始材料是合理的。Director 和
Shareholder 的平均值分别是 0.394 和 0.251，说明平均而言企业通过连锁董
事和连锁股东关联的同行业其他企业数分别为 0.394 个和 0.251 个；
Alumni 和 Hometown 的平均值分别为 2.177 和 7.023，说明各企业通过管理
者校友关系和老乡关系关联的同行业其他企业平均数分别为 2.177 个和
7.023 个。由于连锁董事或连锁股东是由同一董事兼任或同一股东持股多
家企业形成的直接联系，以董事或股东个人为关联的结点，而校友关系或
老乡关系是因管理者毕业于同一院校或来自同一省份而形成的间接联系，
以院校或省份为关联结点，因此，校友关系或老乡关系相较于连锁董事或
连锁股东关联的同行业其他企业数更多。

另外，考虑到大股东可能会出任董事，导致连锁董事和连锁股东关联

相同的企业，致使假设 5-1 和假设 5-2 重复，为验证这一问题，对 Director 和 Shareholder 两个变量进行了差异检验。均值差异检验结果为 -0.264，中位数差异检验结果为 14.078，均在 1% 水平上显著，说明两个变量具有明显差异，可以分别作为连锁董事和连锁股东两个变量来研究其对企业创新投资行为传导路径的影响。

表 5.2　变量描述性统计

变量	样本量	最小值	平均值	最大值	标准差
Innovation	12 302	0.000 2	0.047	0.274	0.040
Innovation_P	12 302	0.000 3	0.046	0.107	0.024
Attention	12 302	0.021	0.077	0.178	0.028
Director	12 302	0	0.394	10	0.738
Shareholder	12 302	0	0.251	9.75	0.623
Alumni	3 986	0	2.177	19	3.320
Hometown	9 117	0	7.023	38	7.965
Age	12 302	2.197	2.926	3.466	0.264
Tangi	12 302	0.004	0.202	0.650	0.133
Subs	12 302	12.943	16.786	20.660	1.326
Lev	12 302	0.066	0.416	0.871	0.179
Roa	12 302	-0.259	0.041	0.227	0.057
Tobinq	12 302	0.850	2.082	8.732	1.179
Top	12 302	0.083	0.325	0.721	0.135
Dual	12 302	0	0.301	1	0.459

注：因数据库和上市公司年报中管理者毕业院校和籍贯信息存在较多缺失值，因此，剔除未披露或披露不完全样本后，获得校友关系和老乡关系样本分别为 3 986 和 9 117 个。

5.4.2　实证结果与分析

（1）连锁关系调节效应检验

为探究连锁董事在同群效应下企业创新投资行为传导路径上的调节效应，引入变量 Director，对模型（5.1）～模型（5.3）进行回归，结果如表 5.3 中列（1）～列（3）所示。列（1）中 Director×Innovation_P 的回归系数不显著,表示连锁董事在"同群企业创新投资行为→焦点企业创新投资行为"路径中的调节效应不显著。列(2)中 Director×Innovation_P 的回归系数 0.022 在 5%水平上显著,并且列(3)中 Attention 的系数 0.117 在 1%水平上显著,可知连锁董事正向调节焦点企业管理者创新注意力中介效应的前半路径。列(2)中 Innovation_P 的回归系数 0.138 在 1%水平上显著,并且列(3)中 Director×Attention 的回归系数 0.005 在 10%水平上显著,说明连锁董事亦正向调节焦点企业管理者创新注意力中介效应的后半路径。

表 5.3　连锁董事调节效应回归结果

	(1)	(2)	(3)
	Innovation	Attention	Innovation
Innovation_P	0.102 **	0.138 ***	0.084 *
	(2.070)	(3.141)	(1.718)
Attention			0.117 ***
			(10.800)
Director	0.000	−0.002	−0.000
	(0.274)	(−1.572)	(−0.297)
Director×Innovation_P	−0.006	0.022 **	
	(−0.300)	(2.050)	
Director×Attention			0.005 *
			(1.661)
Age	−0.008 ***	0.004 ***	−0.009 ***
	(−7.609)	(4.149)	(−8.080)
Tangi	−0.020 ***	−0.012 ***	−0.018 ***
	(−8.132)	(−5.694)	(−7.554)
Subs	0.005 ***	0.000	0.005 ***
	(20.908)	(1.197)	(20.864)
Lev	−0.053 ***	−0.013 ***	−0.051 ***
	(−28.193)	(−7.801)	(−27.452)
Roa	−0.096 ***	−0.007	−0.095 ***
	(−17.973)	(−1.496)	(−17.901)
Tobinq	0.005 ***	0.001 ***	0.005 ***
	(19.873)	(3.456)	(19.604)

表5.3(续)

	（1） Innovation	（2） Attention	（3） Innovation
Top	−0.014***	0.003	−0.014***
	（−6.636）	（1.643）	（−6.849）
Dual	0.005***	−0.001	0.005***
	（8.154）	（−1.448）	（8.357）
常数项	0.008	0.061***	0.001
	（1.386）	（12.505）	（0.122）
样本量	12 302	12 302	12 302
行业	Yes	Yes	Yes
年份	Yes	Yes	Yes
Adj R²	0.440	0.099	0.447

综合来看，连锁董事通过调节"同群企业创新投资行为→焦点企业管理者创新注意力"和"焦点企业管理者创新注意力→焦点企业创新投资行为"路径，对同群企业创新投资行为向焦点企业传导的过程进行正向调节，假设5-1得到验证。原因在于连锁董事能够拓宽企业信息获取渠道，使焦点企业管理者更容易将注意力配置在同群企业创新投资行为上，同时其信息和资源优势有助于将管理者创新注意力转化为企业实际的创新投资行为。

将 Shareholder 引入模型（5.1）~模型（5.3）探究连锁股东在同群企业创新投资行为向焦点企业传导过程中是否存在调节效应。回归结果如表5.4所示。列（1）中 Shareholder×Innovation_P 的系数不显著，说明连锁股东对"同群企业创新投资行为→焦点企业创新投资行为"路径没有调节效应。列（2）中 Shareholder×Innovation_P 的系数0.016在10%水平上显著，并且列（3）中 Attention 的系数0.118在1%水平上显著，说明连锁股东在焦点企业管理者创新注意力中介效应的前半路径上发挥正向调节效应。列（2）中 Innovation_P 的系数0.137在1%水平上显著，并且列（3）中 Shareholder×Attention 的系数0.001在5%水平上显著，表示连锁股东在焦点企业管理者创新注意力中介效应的后半路径上也发挥正向调节效应。

表 5.4　连锁股东调节效应回归结果

	（1）	（2）	（3）
	Innovation	Attention	Innovation
Innovation_P	0.093*	0.137***	0.085*
	(1.874)	(3.125)	(1.736)
Attention			0.118***
			(10.978)
Shareholder	−0.002*	0.000	−0.000
	(−1.819)	(0.166)	(−0.368)
Shareholder×Innovation_P	0.033	0.016*	
	(1.408)	(1.690)	
Shareholder×Attention			0.001**
			(2.061)
Age	−0.008***	0.004***	−0.009***
	(−7.593)	(3.987)	(−8.034)
Tangi	−0.020***	−0.013***	−0.018***
	(−8.049)	(−5.795)	(−7.518)
Subs	0.005***	0.000	0.005***
	(20.966)	(0.996)	(20.939)
Lev	−0.053***	−0.013***	−0.051***
	(−28.155)	(−7.946)	(−27.387)
Roa	−0.095***	−0.008	−0.095***
	(−17.951)	(−1.597)	(−17.887)
Tobinq	0.005***	0.001***	0.005***
	(19.841)	(3.501)	(19.616)
Top	−0.014***	0.003	−0.014***
	(−6.562)	(1.462)	(−6.785)
Dual	0.005***	−0.001	0.005***
	(8.095)	(−1.313)	(8.318)
常数项	0.008	0.062***	0.000
	(0.935)	(12.709)	(0.021)
样本量	12 304	12 304	12 304
行业	Yes	Yes	Yes
年份	Yes	Yes	Yes
Adj R²	0.440	0.100	0.446

综上所述，连锁股东在企业创新投资行为的传导过程中具有正向调节效应，并且调节的是"同群企业创新投资行为→焦点企业管理者创新注意力"和"焦点企业管理者创新注意力→焦点企业创新投资行为"路径，假设5-2成立。这表明连锁股东有助于缓解企业之间的信息不对称，焦点企业管理者更容易将注意力配置在同群企业的创新投资行为上，同时创新注意力也更容易落实到企业实际的创新投资活动中。

（2）人情关系调节效应检验

将 Alumni 纳入模型（5.1）～模型（5.3），用以检验校友关系在企业创新投资行为传导过程中是否存在调节效应，结果如表5.5所示。列（1）中 Alumni×Innovation_P 的回归系数不显著，表示校友关系在"同群企业创新投资行为→焦点企业创新投资行为"中的调节效应不显著。列（2）中 Alumni×Innovation_P 的系数 0.015 在 5%水平上显著，并且列（3）中 Attention 的系数 0.157 在 1%水平上显著，可知校友关系正向调节焦点企业管理者创新注意力中介效应的前半路径。列（2）中 Innovation_P 的系数 0.149 在 10%水平上显著，但列（3）中 Alumni×Attention 的系数并不显著，说明校友关系在焦点企业管理者创新注意力中介效应的后半路径中不具有调节效应。

表 5.5　校友关系调节效应回归结果

	（1）	（2）	（3）
	Innovation	Attention	Innovation
Innovation_P	0.081**	0.149*	0.097***
	(2.150)	(1.679)	(3.535)
Attention			0.157***
			(6.747)
Alumni	−0.000	0.002***	0.002
	(−0.016)	(3.409)	(1.054)
Alumni×Innovation_P	0.016	0.015**	
	(0.861)	(2.353)	
Alumni×Attention			−0.009
			(−1.566)
Age	−0.005**	0.006***	−0.006***
	(−2.390)	(3.583)	(−2.783)

表5.5(续)

	（1）	（2）	（3）
	Innovation	Attention	Innovation
Tangi	−0.037***	−0.007	−0.037***
	(−7.122)	(−1.523)	(−7.017)
Subs	0.006***	−0.000	0.006***
	(13.770)	(−0.963)	(13.872)
Lev	−0.064***	−0.013***	−0.061***
	(−17.237)	(−4.420)	(−16.703)
Roa	−0.115***	−0.007	−0.113***
	(−11.947)	(−0.867)	(−11.832)
Tobinq	0.006***	0.001**	0.006***
	(11.827)	(2.444)	(11.570)
Top	−0.010**	0.004	−0.011***
	(−2.427)	(1.106)	(−2.693)
Dual	0.007***	−0.001	0.007***
	(5.764)	(−1.440)	(5.921)
常数项	−0.015	0.063***	−0.027***
	(−1.506)	(6.805)	(−2.640)
样本量	3 986	3 986	3 986
行业	Yes	Yes	Yes
年份	Yes	Yes	Yes
Adj R²	0.469	0.094	0.475

　　综合来看，校友关系通过调节焦点企业管理者创新注意力中介效应的前半路径，即"同群企业创新投资行为→焦点企业管理者创新注意力"路径，对创新投资行为传导过程进行正向调节，假设5-3得到验证。这说明通过校友之间的交流与沟通，焦点企业管理者可以注意到更多的创新投资相关信息，因而能够强化创新注意力在同群企业创新投资行为上的配置。

　　将 Hometown 纳入模型（5.1）～模型（5.3），用以检验老乡关系在同群效应下企业创新投资行为传导过程中的调节效应，模型回归结果如表5.6所示。列（1）中 Hometown×Innovation_P 的回归系数不显著，表示老乡关系对"同群企业创新投资行为→焦点企业创新投资行为"路径不具有调节效应。列（2）中 Hometown×Innovation_P 的系数 0.001 在 5%水平上显著，并且列（3）中 Attention 的系数 0.115 在 1%水平上显著，可知老乡关系在焦点企业管理者创新注意力中介效应的前半路径中具有调节效应。列（2）中 Innovation_P 的系数 0.179 在 1%水平上显著，然而列（3）中 Hometown×Attention 的系数并不显著，说明老乡关系在焦点企业管理者创新注意力中介效应的后半路径中不具有调节效应。

表 5.6　老乡关系调节效应回归结果

	（1） Innovation	（2） Attention	（3） Innovation
Innovation_P	0.096 *	0.179 ***	0.116 *
	（1.837）	（3.306）	（1.931）
Attention			0.115 ***
			（7.278）
Hometown	−0.000 ***	0.000	−0.000
	（−3.165）	（0.463）	（−0.892）
Hometown×Innovation_P	0.005	0.001 **	
	（0.664）	（2.418）	
Hometown×Attention			−0.000
			（−0.071）
Age	−0.005 ***	0.005 ***	−0.005 ***
	（−3.724）	（4.043）	（−4.127）
Tangi	−0.022 ***	−0.011 ***	−0.021 ***
	（−7.272）	（−4.334）	（−6.949）
Subs	0.005 ***	−0.000	0.005 ***
	（18.370）	（−0.146）	（18.480）
Lev	−0.059 ***	−0.013 ***	−0.057 ***
	（−25.955）	（−6.529）	（−25.392）
Roa	0.104 ***	−0.010 *	−0.103 ***
	（−16.487）	（−1.777）	（−16.375）
Tobinq	0.006 ***	0.001 ***	0.006 ***
	（17.701）	（3.502）	（17.408）
Top	−0.016 ***	0.001	−0.016 ***
	（−6.298）	（0.670）	（−6.468）

表5.6(续)

	（1） Innovation	（2） Attention	（3） Innovation
Dual	0.005***	−0.000	0.005***
	（7.249）	（−0.794）	（7.280）
常数项	−0.001	0.062***	−0.010
	（−0.111）	（10.901）	（−1.512）
样本量	9 117	9 117	9 117
行业	Yes	Yes	Yes
年份	Yes	Yes	Yes
Adj R²	0.452	0.095	0.457

综上所述，老乡关系通过调节焦点企业管理者创新注意力中介效应的前半路径，即"同群企业创新投资行为→焦点企业管理者创新注意力"路径，对创新投资行为传导过程进行正向调节，假设5-4得到验证。原因在于管理者在"老乡圈子"内可能会更为频繁地交流创新投资相关信息，使得焦点企业管理者更容易将创新注意力配置在同群企业创新投资行为上。

综上所述，将本章提出的各假设检验结果汇总如表5.7所示，假设5-1、假设5-2、假设5-3、假设5-4均通过检验。

表5.7　假设检验结果汇总

假设	是否通过检验
5-1	是
5-2	是
5-3	是
5-4	是

5.4.3　稳健性检验

（1）结构方程路径分析

构建结构方程模型，将调节变量同时纳入模型，进行有调节的中介效应路径分析，结果如表5.8所示。可以发现，连锁关系和人情关系对企业创新投资行为传导的直接路径均不具有调节效应，连锁董事和连锁股东显著调节焦点企业管理者创新注意力中介效应的前半路径和后半路径，校友关系和老乡关系显著调节焦点企业管理者创新注意力中介效应的前半路径，假设 5-1~假设 5-4 仍然成立。

表 5.8 结构方程模型路径分析

假设	路径	路径标识	效应值	是否显著
5-1	连锁董事调节中介效应前半路径	Director×Innovation_P→Attention	0.044	是
	连锁董事调节中介效应后半路径	Director×Attention→Innovation	0.022	是
	连锁董事调节直接路径	Director×Innovation_P→Innovation	0.000	否
5-2	连锁股东调节中介效应前半路径	Shareholder×Innovation_P→Attention	0.012	是
	连锁股东调节中介效应后半路径	Shareholder×Attention→Innovation	0.040	是
	连锁股东调节直接路径	Shareholder×Innovation_P→Innovation	0.101	否
5-3	校友关系调节中介效应前半路径	Alumni×Innovation_P→Attention	0.034	是
	校友关系调节中介效应后半路径	Alumni×Attention→Innovation	−0.152	否
	校友关系调节直接路径	Alumni×Innovation_P→Innovation	0.115	否
5-4	老乡关系调节中介效应前半路径	Hometown×Innovation_P→Attention	0.046	是
	老乡关系调节中介效应后半路径	Hometown×Attention→Innovation	−0.014	否
	老乡关系调节直接路径	Hometown×Innovation_P→Innovation	0.038	否

（2）剔除小规模行业样本

鉴于行业规模过小可能会导致企业创新投资行为互动不够明显或不具代表性，因此，剔除企业数小于 50 的行业，将连锁董事和连锁股东纳入模型（5.1）~模型（5.3）重新进行回归，结果分别如表 5.9 和表 5.10 所示。可以发现连锁董事和连锁股东不调节企业创新投资行为传导的直接路径，正向调节焦点企业管理者创新注意力中介效应的前半路径"同群企业创新投资行为→焦点企业管理者创新注意力"和后半路径"焦点企业管理者创新注意力→焦点企业创新投资行为"，说明假设 5-1 和假设 5-2 在剔除小规模行业样本后仍然成立。

表 5.9 剔除小规模行业样本连锁董事调节效应回归结果

	（1） Innovation	（2） Attention	（3） Innovation
Innovation_P	0.145**	0.195***	0.117*
	(2.083)	(3.482)	(1.704)
Attention			0.129***
			(8.559)
Director	−0.000	−0.002*	−0.000
	(−0.060)	(−1.779)	(−0.225)
Director×Innovation_P	−0.005	0.026**	
	(−0.187)	(2.269)	
Director×Attention			0.001*
			(1.848)
控制变量	Yes	Yes	Yes
常数项	−0.016**	0.058***	−0.023***
	(−1.992)	(9.123)	(−2.916)
样本量	7 944	7 944	7 944
行业	Yes	Yes	Yes
年份	Yes	Yes	Yes
Adj R^2	0.367	0.089	0.374

表 5.10 剔除小规模行业样本连锁股东调节效应回归结果

	（4） Innovation	（5） Attention	（6） Innovation
Innovation_P	0.131*	0.184***	0.117*
	(1.885)	(3.291)	(1.708)
Attention			0.123***
			(8.186)
Shareholder	−0.003	−0.004***	−0.002
	(−1.366)	(−2.659)	(−1.137)
Shareholder×Innovation_P	0.040	0.064***	
	(1.432)	(2.871)	
Shareholder×Attention			0.023*
			(1.803)

表5.4(续)

	(4) Innovation	(5) Attention	(6) Innovation
控制变量	Yes	Yes	Yes
常数项	−0.015*	0.059***	−0.022***
	(−1.865)	(9.335)	(−2.842)
样本量	7 944	7 944	7 944
行业	Yes	Yes	Yes
年份	Yes	Yes	Yes
Adj R^2	0.367	0.095	0.375

（3）改变管理者创新注意力测度方法

管理者创新注意力文本信息占比指标会受企业披露语言冗余程度的影响[374]，本章虽对主要连续变量进行了缩尾处理，但可能存在某些企业披露语言过于冗长从而拉低创新相关词汇占比的情况。考虑到管理者注意力在一定程度上会体现在其行为偏好上，因此与第4章一致，采用管理者偏好相关指标衡量管理者创新注意力。

参照龚光明和曾照存（2013）、鞠晓生（2013）以及简泽（2013）的研究[363-365]，选取平静生活偏好（计算方法为"企业技术人员/员工总数"）、风险偏好［计算方法为"（交易性金融资产+应收账款+可供出售金融资产+持有至到期投资+投资性房地产+其他权益工具投资）/总资产"］、规模偏好［计算方法为"（本期固定资产−上期固定资产）/上期固定资产"］、内源融资偏好（Internal，计算方法是"企业期初现金及现金等价物余额/期初总资产"）和花费偏好（计算方法为"工资总额/员工总数"）五个与创新投资决策相关的指标，构建焦点企业管理者创新注意力指标体系。采用因子分析法，以旋转后的方差贡献率为权重计算因子的综合得分，据此测度焦点企业管理者创新注意力。以校友关系和老乡关系为调节变量，对模型（5.1）～模型（5.3）重新进行回归，表5.11和表5.12中校友关系和老乡关系的调节效应检验结果显示，二者均调节焦点企业管理者创新注意力中介效应的前半路径，可见在改变焦点企业管理者创新注意力测度方法后，假设5-3和假设5-4依然成立。

表 5.11　改变管理者创新注意力测度方法校友关系调节效应回归结果

	（1）Innovation	（2）Attention	（3）Innovation
Innovation_P	0.081 **	1.238 **	0.084 *
	（2.150）	（2.318）	（1.721）
Attention			0.018 ***
			（11.595）
Alumni	−0.000	0.015	0.001 ***
	（−0.016）	（0.985）	（3.569）
Alumni×Innovation_P	0.016	0.123 ***	
	（0.861）	（4.552）	
Alumni×Attention			0.001
			（1.413）
控制变量	Yes	Yes	Yes
常数项	−0.015	−0.470 ***	−0.007
	（−1.506）	（−3.597）	（−0.714）
样本量	3 986	3 986	3 986
行业	Yes	Yes	Yes
年份	Yes	Yes	Yes
Adj R²	0.469	0.429	0.493

表 5.12　改变管理者创新注意力测度方法老乡关系调节效应回归结果

	（1）Innovation	（2）Attention	（3）Innovation
Innovation_P	0.096 *	3.104 ***	0.044 **
	（1.837）	（3.945）	（2.236）
Attention			0.015 ***
			（15.191）
Hometown	−0.000 ***	−0.005 ***	−0.000 ***
	（−3.165）	（−2.843）	（−3.204）
Hometown×Innovation_P	0.005	0.050 **	
	（0.664）	（1.969）	
Hometown×Attention			0.001
			（1.255）

表5.12(续)

	（1）	（2）	（3）
	Innovation	Attention	Innovation
控制变量	Yes	Yes	Yes
常数项	−0.001	−0.415***	0.008
	（−0.111）	（−5.028）	（1.229）
样本量	9 117	9 117	9 117
行业	Yes	Yes	Yes
年份	Yes	Yes	Yes
Adj R²	0.452	0.394	0.489

5.5 进一步讨论

5.5.1 连锁董事机会主义行为

根据已有研究，连锁董事所具有的信息和资源优势能够为企业带来积极的经济后果[15,244,382]，但刘新民等（2018）也提到连锁董事可能会产生管理层共谋、忙碌董事等机会主义行为[398]。因此，本章进一步探讨连锁董事在企业创新投资行为传导过程中是否会由于机会主义行为而对企业造成负面影响。参照刘新民等（2018）的研究[398]，以管理费用率作为机会主义行为的替代变量，以 AC 表示，将 AC 和 AC×Innovation_P 代入模型，回归结果如表5.13 中列（1）所示。研究表明，连锁董事机会主义行为并没有抑制同群效应，这可能是因为在企业创新投资过程中连锁董事所带来的丰富的资源和信息效应强于"资源诅咒"效应，也就是连锁董事所具有的信息和资源优势对企业创新投资的正面影响大于机会主义行为所产生的负面影响。

表 5.13　连锁董事机会主义和连锁股东竞争合谋检验

	（1）	（2）
	Innovation	Innovation_AB
Innovation_P	0.107***	
	（5.423）	

表5.4(续)

	（1）	（2）
	Innovation	Innovation_AB
Attention	0.106***	
	（11.177）	
AC	0.047***	
	（4.593）	
AC×Innovation_P	2.833***	
	（16.785）	
Shareholder		0.001
		（1.120）
控制变量	Yes	Yes
常数项	−0.014***	0.011***
	（−2.645）	（5.639）
样本量	12 302	12 302
行业	Yes	Yes
年份	Yes	Yes
Adj R²	0.457	0.120

5.5.2 连锁股东竞争合谋

从已有文献来看，关于连锁股东影响企业发展的认知尚未达成一致。一方面，连锁股东作为连锁企业间经济关联的纽带，可以促使连锁企业间低成本地共享管理经验和专业信息，提高企业投资效率；另一方面，基于企业利润最大化目标，连锁股东具有动机游说同行业内的企业进行合谋，削弱企业之间的竞争程度，抑制企业投资行为[378]。连锁股东有助于持股企业间开展合作创新或网络创新，促成企业间战略性合作，尤其是持股同一行业企业的连锁股东能够促进企业间形成联合投资或建立战略联盟，进而提高企业创新能力。那么，连锁股东是否会产生"竞争合谋"从而对企业产生负面影响？这是一个值得考虑的问题。参照潘越等（2020）和徐成凯等（2020）的思路[378,399]，构建模型（5.4）测算非效率创新投资变量Innovation_AB，并以连锁股东Shareholder作为自变量进行回归，若连锁股东产生竞争合谋，则连锁股东Shareholder与非效率创新投资Innovation_AB显著正相关。

$$Innovation_{i,t} = \delta_0 + \delta_1 Innovation_{i,t-1} + \delta_2 Netcash_{i,t-1} +$$
$$\delta_3 Profit_{i,t-1} + \delta_4 Scale_{i,t-1} + \varepsilon_{i,t} \tag{5.4}$$

其中，Netcash 为现金及现金等价物减去短期负债后的差与营业收入的比值，Profit 为特殊项目之前的利润与营业收入的比值，Scale 为营业收入的自然对数。根据模型（5.4）计算出企业创新投资的合理估计值，并以创新投资的实际值与估计值之差的绝对值作为非效率创新投资变量 Innovation_AB。

表 5.13 中列（2）回归结果显示，连锁股东 Shareholder 对非效率创新投资 Innovation_AB 的影响并不显著，也就是说，连锁股东的存在不会导致竞争合谋从而抑制企业创新投资行为。

5.6　研究结论与启示

本章以 2015—2021 年我国 A 股研发活跃型上市公司为研究对象，以焦点企业信息获取渠道为出发点，结合社会网络关系相关理论，实证检验了连锁关系和人情关系对同群效应下企业创新投资行为传导路径的影响。结果表明：①从连锁关系层面来看，连锁董事和连锁股东对"同群企业创新投资行为→焦点企业创新投资行为"这一直接传导路径不具有调节效应，其调节效应在于强化管理者创新注意力中介效应的发挥，正向调节"同群企业创新投资行为→焦点企业管理者创新注意力"和"焦点企业管理者创新注意力→焦点企业创新投资行为"路径。②从人情关系层面来看，校友关系和老乡关系对"同群企业创新投资行为→焦点企业创新投资行为"这一直接路径也不具有调节效应，其主要调节管理者创新注意力中介效应的前半路径，即"同群企业创新投资行为→焦点企业管理者创新注意力"路径。

连锁董事或连锁股东是一种由同一董事兼任或同一股东持股多家企业形成的直接联系，以董事或股东个人为关联的结点；而校友关系或老乡关系是一种因毕业于同一院校或来自于同一省份而形成的间接联系，以院校或省份为关联结点。相较于人情关系，具有连锁关系的企业之间关系更为直接和密切，例如，在一定情况下，焦点企业和同群企业的管理者虽为校友或老乡，但可能并不熟识或不存在联系。因此，连锁关系和人情关系在企业创新投资行为传导路径上的调节力度存在差异。一方面，在董事兼任、股东持股同一企业以及管理者与同行业校友或老乡互动过程中，连锁关系和人情关系均能够拓展企业信息获取渠道，使得焦点企业管理者更容易注意到同群企业创新投资相关信息，并将注意力配置在同群企业创新投资行为上，因此，连锁关系和人情关系均能够正向调节"同群企业创新投资行为→焦点企业管理者创新注意力"路径。另一方面，相较于以院校或省份为关联结点间接形成的人情关系，企业更容易在通过董事兼任形成的管理连锁关系以及股东持股多家企业形成的投资连锁关系中直接有效地获取和利用创新资源和经验，有助于将管理者创新注意力转化为企业实际的创新投资行为。因此，连锁关系对"焦点企业管理者创新注意力→焦点企业创新投资行为"路径具有正向调节效应，而人情关系在这一路径上的调节效应并不显著。

本章研究结论对提升企业创新投资水平具有以下启示：

第一，拓展企业创新投资信息获取渠道。创新投资水平的提升，既需要企业提高自主创新能力，也需要企业重视与外部环境的创新互动。企业创新投资行为同群效应能够促进企业之间创新投资的相互影响与带动，其本质在于创新投资信息在企业之间的流动，信息优势成为企业降低创新投资决策不确定性的有力保障。企业嵌入由众多个体和大量信息组成的经济环境中，对经济环境中信息的掌握有利于企业管理者降低决策的"非理性"。因此，企业应避免"社会化不足"，注重塑造开放与沟通的企业文化，强化与外部环境的交流与联系，拓展创新投资信息获取渠道，避免"闭门造车"式自主创新。

第二，合理利用网络治理机制。植根于深厚的历史文化，我国是一个典型的"关系型社会"。基于这一特色制度背景，合理利用企业的多重社会网络嵌入情境，有助于提高企业决策和治理水平。连锁关系和人情关系是企业的非正式制度安排，连锁董事或连锁股东所形成的管理连锁或投资连锁关系可以使企业共享到更多的创新投资信息及创新资源，基于学缘关系和地缘关系而形成的"校友圈子"和"老乡圈子"也能够促进"圈子"成员间创新投资信息的交流。企业间的社会网络能够强化创新"溢出相应"，有助于企业以较低的成本进行创新投资决策。除此之外，企业还应重视维护与银行、行业协会、客户、供应商等多方面的社会网络关系，合理利用社会网络所具有的信息流通与资源获取优势，创建沟通和交流平台，开展创新合作或形成战略联盟，通过信息和资源共享促进企业间创新投资水平的整体提升。

6 企业创新投资行为同群效应经济后果

6.1 引言

党的二十大报告制定了到 2035 年我国实现高水平科技自立自强，进入创新型国家前列的宏伟目标。为实现这一目标，既需要具备大规模的创新数量来奠定创新基础，同时也需要高水平的创新质量来提高创新层次。因此，如何有效增加创新数量并提高创新质量成为一个重要议题。据统计，2021 年我国有效专利实施率为 61.1%，较上一年提高 5.7%；有效专利产业化率为 44.6%，较上一年增加 7.2%（数据来源于国家知识产权局公布的《2021 年中国专利调查报告》）。整体来看，我国创新产出体现出良好的增长水平。从创新投资层面来看，以我国 A 股上市公司为例，计算机、通信和其他电子设备制造业及专用设备制造业 2021 年行业整体研发投入较上一年分别增加 21.9% 和 35.3%，行业中研发投入较上一年有所增加的企业数分别占 75.6% 和 72.5%（数据通过对 CSMAR 数据库中企业研发投入数据整理所得）。这一现象表明，企业创新投资具有明显的行业趋同性，即同一行业内大多数企业的创新投资变动方向一致。那么，企业创新投资的这一行业趋同特征与创新产出的增加是否具有相关性也是一个重要议题。

近年来，学者们逐渐将同群效应引入到企业财务行为的研究中，并发现同群效应存在于企业的融资、现金股利、并购和投资等财务行为或决策中[7,9,14,400]。综合来看，目前学者们多针对企业财务行为同群效应的存在性和企业异质性进行了分析，然而，并未对企业财务行为同群效应产生的经济后果展开深入的研究。创新数量和创新质量作为企业创新产出的重要衡量标准，是企业进行创新投资较为直接的经济后果，因此，探究企业创新投资同群效应在创新产出环节的经济后果，尤其是对创新数量和创新质量产生何种影响，将会进一步深化和明确企业创新投资行为同群效应的研究价值。

同时，学者们对创新数量和创新质量的影响因素做了大量研究。一部分学者探究了企业自身掌握的技术知识对创新数量和创新质量的影响。例如，高管创新经验、跨国专利合作、产学研科学与技术合作、技术多样化能够帮助企业拥有更多的技术知识，进而对创新数量和创新质量具有积极的促进作用[401-405]。还有一部分学者研究了外部宏观政策对企业创新数量和创新质量的影响。研究发现，受到产业政策支持的企业能够实现创新数量的增长和创新质量的提升[406]。具体而言，政府补贴、税收激励、高新技术企业认定均可以增加企业的创新数量和提高创新质量[407-409]。然而，鲜有学者探究企业间创新投资环节的相互影响与带动对创新数量和创新质量的作用。创新投资同群效应是行业内企业之间相互借鉴或学习创新投资行为而形成的，其对创新数量和创新质量所产生的作用与微观层面企业掌握的技术知识或宏观层面的创新激励政策是否具有异曲同工之效，是一个值得思考的问题。

结合以上背景，本章试图探究创新投资同群效应在创新产出环节的经济后果。首先，探索创新投资行为同群效应是否有助于企业增加创新数量以及提高创新质量，以厘清企业之间创新投资环节的相互影响与带动对创新产出的影响。其次，探究创新投资行为同群效应在增加企业创新数量及提高创新质量的过程中所发挥的具体作用。创新投资同群效应在微观层面可以弥补企业自身内部研发经验的不足，在宏观层面可以发挥类似创新激励政策的作用，在这两种作用下，检验创新投资行为同群效应是否可以促进企业创新"增量提质"。最后，进行异质性分析。检验在不同行业竞争程度和经济政策不确定性水平下创新投资行为同群效应对企业创新数量和创新质量的影响存在何种差异。

与已有研究相比，本章的贡献主要有：①不同于以往研究从宏观创新激励政策或微观企业自身行为视角研究创新产出的影响因素，本章将研究视角转为企业之间创新投资行为相互影响与带动所形成的同群效应，探究创新投资行为同群效应对创新数量和创新质量的影响。②已有研究仅检验了企业创新投资行为同群效应的存在性和企业异质性，并未检验其在创新产出环节的经济后果，本章将研究链条进一步向后延伸，探究了企业创新投资行为同群效应对创新数量和创新质量的影响，丰富了对创新投资同群效应的研究，从促进企业创新"增量提质"层面进一步明确了创新投资同群效应的研究价值。③从弥补企业内部研发经验和类似外部创新激励政策角度，探索了创新投资同群效应在企业创新"增量提质"中的微观和宏观层面作用。

6.2　理论分析与研究假设

6.2.1　创新投资同群效应对创新数量和创新质量的影响

一方面，在同群企业创新投资的带动和影响下企业将增加创新投资。同群效应形成的重要基础是模仿，具体到企业财务行为而言，企业在制定财务决策时可能会受到其他企业财务决策的影响，从而模仿其他企业的财务行为[410]。企业创新投资活动具有技术溢出效应，在研发过程中，企业之间互相借鉴或模仿，从而形成同群效应。创新投资同群效应的形成机制可从三个方面展开解释。首先，动态竞争角度。企业投资决策会受到竞争者投资决策的影响[297,411]，通过学习同群企业的行为，企业可以保持竞争地位或限制同群企业竞争[412]，因而当同群企业创新投资增加时，企业往往采取提高研发投入水平的策略。其次，信息学习角度。同群企业的创新投资决策是在掌握某些行业信息的基础上制定的，因而通过参考同群企业的创新投资行为，企业可以在一定程度上获取行业相关信息，进而做出较为合理的研发决策[294]。最后，管理者声誉角度。为防止自身名誉受损，管理者会尽量使自己的行为决策与其他企业趋于一致[250]，出于维护自身名誉的目的，管理者倾向于参照行业内其他企业的研发决策进行研发投入。综上所述，企业在进行创新投资时会受到同群企业创新投资的影响与带动。

另一方面，企业创新投资又可以对创新产出具有正向影响[413]。首先，创新数量方面。由于技术具有溢出效应，企业自主研发可以有效增强区域或行业层面的技术吸收能力，进而间接地增加企业创新数量，并且在中等规模的企业中，创新数量对创新投资的弹性最大[414]。其次，创新质量方面。依据 Wernerfelt（1984）的资源基础理论，企业所拥有的资源决定了企业竞争力的差异，那些稀缺的、有价值的资源可以使企业具有持续的竞争能力[415]。创新投资是能够使企业保持竞争优势的内部资源，通过增加创新投资，一方面企业可以吸纳更多更专业的研发人员，另一方面企业可以有较多的资金用于攻克行业前沿高精尖技术，因而企业更容易形成高质量的创新产出[416-417]。

基于以上两方面分析，可以发现，在同群效应作用下，随着同群企业创新投资的增加，焦点企业将增加创新投资，进而增加创新数量并提高创新质量。因此，提出假设 6-1。

假设 6-1：创新投资同群效应有助于焦点企业增加创新数量以及提高创新质量。

6.2.2 创新投资同群效应内部经验互补作用

Huber（1991）的组织学习理论认为企业可以通过内部经验学习和外部经验学习来获取决策相关信息，内部经验学习主要以对自身过去经验的总结归纳为主，外部经验学习则以对企业之外的相关企业行为决策进行借鉴和模仿为主，两种学习途径之间具有一定的互补效应，当企业内部经验不足时，外部经验学习可以为决策提供有力支撑[39]。Chipika 和 Wilson（2006）提到，外部经验的获取主要来自于收集、分析外部组织信息或与外部组织进行资源共享[418]。对于企业创新投资而言，为获取更多的研发信息和资源，企业有动机依据同群企业的创新投资行为进行"信息性学习"[294]。通过观察和模仿同群企业的创新投资决策来获取外部研发经验，从而弥补内部研发经验的不足。企业内部研发经验较少时，难以有效增加创新数量，同时自身经验的匮乏也不利于创新质量的提升，此时，创新投资同群效应可促使企业获取更多的外部信息和资源，在一定程度上可以为企业研发提供更多的经验借鉴，从而有利于企业增加创新数量以及提升创新质量。另外，根据 Tarde（1903）的模仿"下降律"，那些能力更强、更具有优势的企业更容易对其他企业的行为产生影响，而能力较差、相对处于劣势的企业则更倾向于通过模仿和学习其他企业的行为来提高自身财务绩效[303]。因此，基于弥补内部研发经验和遵从模仿"下降律"两方面原因，内部研发经验较少的企业更容易通过模仿同群企业的创新投资行为来提高自身创新水平。基于以上分析，提出假设 6-2。

假设6-2：相较于内部研发经验多的企业，创新投资同群效应更有助于研发经验少的企业增加创新数量以及提高创新质量，从而发挥内部经验互补作用。

6.2.3　创新投资同群效应创新激励政策互补作用

创新投资活动具有投资金额大、周期长、结果不确定性高的特点，这在一定程度上会限制企业创新投资的积极性。政府创新补贴作为一项创新激励政策，可以缓解企业创新动力不足的问题。已有研究表明，政府创新补贴能够为企业提供资金支持，有助于企业将更多的资源配置在创新投资活动上，同时创新政策的支持也可以提高企业创新投资风险承担能力，因此政府创新补贴能够增加企业创新投资，继而提升创新绩效[419-421]。与政府创新补贴具有殊途同归之效，创新投资同群效应可以作为一种温和的、低成本的外部干预方式[410]，通过企业之间创新投资的相互影响与带动，激发行业创新活力，提高企业创新水平。尤其是对于获得政府创新补贴较低的企业，由于缺少创新政策的有力激励和支持，资源约束和创新投资风险等问题相对而言更为突出，这类企业难以完全依靠自身能力来增加创新产出。同群企业的创新投资行为可以成为获得政府创新补贴较低的企业的一种有力的创新激励来源。在同群企业创新投资行为的激励与带动下，获得政府创新补贴较低的企业将会增加创新投资，进而提高创新产出。因此，对于获得政府创新补贴较低的企业，创新投资同群效应在增加创新数量及提高创新质量方面发挥的带动作用更强。基于以上分析，提出假设6-3。

假设6-3：相较于获得政府创新贴高的企业，创新投资同群效应更有助于获得政府创新补贴低的企业增加创新数量以及提高创新质量，发挥创新激励政策互补作用。

6.3　研究设计

6.3.1　变量设计

（1）因变量

本章因变量为焦点企业创新数量和创新质量。

创新数量方面，由于发明专利从申请到授权需 3~4 年时间，实用新型和外观设计专利从申请到授权时间虽短于发明专利申请时间，但也存在时滞性，因此，借鉴孙自愿等（2021）的研究[422]，以对数化处理后的专利申请量来衡量创新数量。

创新质量方面，参考 Akcigit 等（2016）、张杰和郑文平（2018）的思路[423-424]，以专利知识宽度来测度企业创新质量。在发明和实用新型专利中，IPC 专利分类号格式一般采取"部-大类-小类-大组-小组"的格式。一项专利可能同时有若干个专利分类号，专利分类号包含的大组数量越多，则说明这一专利涉及的知识量越多，质量也就越高。具体地，根据企业专利文件中 IPC 专利分类号所利用的大组信息，计算每个专利大组层面的赫芬达尔——赫希曼指数（HHI）。专利知识宽度的计算公式定义为：$patent\_knowedge = 1 - \alpha^2$，其中，$\alpha$ 为专利分类号中各大组分类所占比重。然后，根据"企业-年份-专利类型"三个维度，将专利层面的知识宽度信息加总到企业层面。相较于均值法，中位数法可以在一定程度上缓解由于专利分布存在极端值或分布严重造成的偏差。因此，采用中位数法将专利层面的知识宽度加总到企业层面，用以测度企业创新质量，设置为变量InnoQ。

（2）自变量

参照许年行等（2013）、赵颖（2016）以及吴蝶和朱淑珍（2021）的处理方法[425,8,426]，以焦点企业与同群企业创新投资的差异值度量创新投资同群效应。首先，测算同群企业创新投资，以上一期行业内除焦点企业自身外的其他企业的创新投资平均值表示，其中创新投资为企业研发投入金额与营业收入的比值；其次，测算创新投资同群效应，以焦点企业创新投资减去同群企业创新投资后的绝对值表示。焦点企业创新投资与同群企业创新投资差异越小，则同群效应越大；反之，焦点企业创新投资与同群企业创新投资差异越大，则同群效应越小。因此，创新投资同群效应为反向指标，该指标值越大，表示同群效应越小。

（3）控制变量

本章借鉴相关研究还进一步控制了影响企业创新数量和创新质量的变量，具体包括资产负债率、总资产收益率、有形资产比率、托宾 Q 值、政府补助、公司规模、董事会规模、机构投资者持股比例、产权性质等[427-429]。

各变量含义及计算过程如表 6.1 所示。

表 6.1 变量含义及计算过程

变量类型	变量符号	变量含义	计算公式
因变量	InnoN	焦点企业创新数量	ln（专利申请数量+1）
	InnoQ	焦点企业创新质量	专利知识宽度
自变量	InnoP	创新投资同群效应	焦点企业"研发投入/营业收入"减去上一期所处行业中除焦点企业外的其他企业的"研发投入/营业收入"平均值后取绝对值
控制变量	Lev	资产负债率	负债/总资产
	Roa	总资产收益率	净利润/总资产
	Tangi	有形资产比率	固定资产/总资产
	Tobinq	托宾 Q 值	市场价值/总资产
	Subs	政府补助	ln（政府补助总额）
	Size	公司规模	ln（总资产）
	Board	董事会规模	ln（董事会人数）
	Inst	机构投资者持股比例	机构投资者持股数量/企业总股数
	Soe	产权性质	若产权性质为国有企业，取 1；否则，取 0

6.3.2 模型构建

为探究创新投资同群效应对焦点企业创新数量和创新质量的影响，本章构建如下计量模型（6.1）：

$$\text{Inno}_{i,t} = \alpha_0 + \alpha_1 \text{InnoP}_{i,t} + \alpha_2 \text{Lev}_{i,t} + \alpha_3 \text{Roa}_{i,t} + \alpha_4 \text{Tangi}_{i,t} +$$
$$\alpha_5 \text{Tobinq}_{i,t} + \alpha_6 \text{Subs}_{i,t} + \alpha_7 \text{Size}_{i,t} + \alpha_8 \text{Board}_{i,t} + \alpha_9 \text{Inst}_{i,t} +$$
$$\alpha_{10} \text{Soe}_{i,t} + \varepsilon_{i,t} \tag{6.1}$$

其中，α_0 表示常数项，$\alpha_1 \sim \alpha_{10}$ 表示自变量和控制变量系数，ε 表示残差，i 表示行业，t 表示观测年份。Inno 为创新产出变量，分别代表因变量创新数量 InnoN 和创新质量 InnQ；InnoP 为自变量创新投资同群效应。

6.3.3 样本选取与数据来源

与前文一致，本章以 2015—2021 年剔除 ST、*ST 及金融业的 A 股研发活跃型上市公司为研究样本。为减少数据异常值的影响，对主要连续变量进行了上下 1% 缩尾处理。最终共获取 10 256 个观测值。在划定同群企业时，参照 2012 年修订证监会行业类别代码表，制造业企业按照二级行业分类代码界定为同一行业，其他行业企业按照一级行业分类代码界定为同一行业。本书所需专利方面数据来自 CNRDS 数据库，其他数据来自 CSMAR 数据库，部分缺失数据通过查找上市公司财务报表附注进行补充。

6.4　变量特征与实证结果

6.4.1　变量特征

各变量描述性统计情况如表 6.2 所示。InnoN 最小值和最大值分别为 0 和 7.089，InnoQ 最小值和最大值分别为 0 和 0.903，说明不同企业之间创新数量和创新质量存在较大差异，这与企业的行业属性存在一定关系。根据变量设计，InnoP 值越大表示创新投资同群效应越小，值越小表示创新投资同群效应越大，该变量最小值为 0.000 3，最大值为 0.184，平均值为 0.023，意味着企业之间创新投资同群效应现象较为明显。

表 6.2　变量描述性统计

变量	样本量	最小值	平均值	最大值	标准差
InnoN	10 256	0	3.055	7.089	1.506
InnoQ	10 256	0	0.382	0.903	0.258
InnoP	10 256	0.000 3	0.023	0.184	0.024
Lev	10 256	0.065	0.408	0.867	0.175
Roa	10 256	−0.293	0.037	0.232	0.056
Tangi	10 256	0.003	0.191	0.584	0.124
Tobinq	10 256	0.844	2.110	8.780	1.173
Subs	10 256	12.218	16.812	20.813	1.301
Size	10 256	20.176	22.309	26.191	1.065
Board	10 256	1.609	2.123	2.565	0.184
Inst	10 256	0.002	0.381	0.893	0.236
Soe	10 256	0	0.265	1	0.441

6.4.2 实证结果与分析

（1）创新投资同群效应对创新数量和创新质量的影响检验

为验证假设 6-1，分别以焦点企业创新数量和创新质量作为因变量，对模型（6.1）进行回归，结果如表 6.3 中列（1）和列（2）所示。可以发现，InnoP 与 InnoN 和 InnoQ 均在 1% 水平上显著负相关。由于 InnoP 为反向指标，该指标值越大表示创新投资同群效应越小，该指标值越小表示创新投资同群效应越大。所以，创新投资同群效应与创新数量和创新质量是显著正相关关系，假设 6-1 得以验证。这说明通过模仿和学习同行业中其他企业的创新投资行为，可以带动企业开展研发活动，激发企业创新活力（彭镇 等，2020），创新投资的增加有利于提高创新产出，促进焦点企业创新"增量提质"。

表 6.3　模型回归结果

	全样本		内部研发经验少		内部研发经验多		政府创新补贴低		政府创新补贴高	
	（1）	（2）	（3）	（4）	（5）	（6）	（7）	（8）	（9）	（10）
	InnoN	InnoQ	InnoN	InnoQ	InnoN	InnoQ	InnoN	InnoQ	InnoN	InnoQ
InnoP	-2.792***	-0.436***	-2.796***	-0.463***	-2.731***	-0.431***	-3.459***	-0.779***	-2.544***	-0.114
	(-5.052)	(-3.853)	(-3.890)	(-2.602)	(-3.141)	(-2.921)	(-4.206)	(-4.198)	(-3.397)	(-0.838)
Lev	0.032	-0.011	0.054	0.027	0.066	-0.037	-0.098	-0.018	0.212*	0.003
	(0.382)	(-0.642)	(0.427)	(1.031)	(0.585)	(-1.621)	(-0.858)	(-0.684)	(1.700)	(0.152)
Roa	0.476**	0.057	0.833**	0.061	0.383	0.063	0.302	0.036	0.728**	0.092
	(2.058)	(1.212)	(2.187)	(0.779)	(1.302)	(1.049)	(0.983)	(0.513)	(2.044)	(1.419)
Tangi	-0.574***	0.015	-0.604***	0.031	-0.550***	-0.003	-0.471***	0.025	-0.691***	0.005
	(-5.266)	(0.655)	(-3.648)	(0.908)	(-3.790)	(-0.099)	(-3.036)	(0.726)	(-4.488)	(0.179)
Tobinq	0.035***	0.002	0.031*	-0.002	0.038**	0.005	0.007	0.002	0.049***	0.001
	(2.867)	(0.690)	(1.742)	(-0.489)	(2.233)	(1.504)	(0.412)	(0.433)	(2.697)	(0.443)
Subs	0.270***	0.017***	0.279***	0.023***	0.261***	0.012***	0.278***	0.026***	0.274***	0.001
	(21.556)	(6.757)	(14.857)	(6.106)	(15.453)	(3.428)	(14.643)	(6.024)	(11.161)	(0.157)
Size	0.422***	0.026***	0.396***	0.019***	0.440***	0.032***	0.374***	0.026***	0.438***	0.029***
	(22.827)	(6.894)	(14.180)	(3.406)	(17.807)	(6.225)	(12.969)	(3.970)	(16.883)	(6.107)
Board	0.334***	0.042***	0.396***	0.039*	0.286***	0.044**	0.299***	0.041*	0.379***	0.042**
	(4.993)	(3.069)	(3.911)	(1.886)	(3.201)	(2.418)	(3.150)	(1.896)	(4.021)	(2.443)
Inst	-0.309***	-0.037***	-0.371***	-0.032*	-0.272***	-0.042**	-0.259***	-0.044**	-0.339***	-0.026*
	(-5.193)	(-3.061)	(-4.142)	(-1.771)	(-3.393)	(-2.526)	(-3.129)	(-2.361)	(-3.943)	(-1.648)
Soe	0.149***	-0.003	0.203***	-0.002	0.108***	-0.003	0.096**	-0.008	0.203***	0.004
	(5.003)	(-0.431)	(4.455)	(-0.204)	(2.733)	(-0.347)	(2.134)	(-0.755)	(5.068)	(0.486)
常数项	-11.455***	-0.560***	-11.215***	-0.525***	-11.605***	-0.584***	-10.318***	-0.681***	-12.139***	-0.340***
	(-33.870)	(-8.079)	(-22.109)	(-5.060)	(-25.433)	(-6.232)	(-16.984)	(-4.967)	(-24.402)	(-3.753)
样本量	10 256	10 256	4 697	4 697	5 559	5 559	5 128	5 128	5 128	5 128
行业	Yes	Yes	Yes	Yes	Yes	Yes	Yes	Yes	Yes	Yes
年份	Yes	Yes	Yes	Yes	Yes	Yes	Yes	Yes	Yes	Yes
Adj R²	0.424	0.175	0.405	0.170	0.438	0.178	0.321	0.121	0.428	0.225

注：1. 本章所有分组检验均验证了组间系数差异，系数具有可比性。

　　2. 创新投资同群效应内部经验互补作用检验。

将样本按焦点企业内部研发经验多少分为两组，用以检验假设 6-2 是否成立。借鉴石磊等（2020）的做法[337]，以企业研发投入较上一年是否增加来测度内部研发经验水平。若研发投入较上一年增加，则认为企业内部研发经验水平较高，企业倾向于内部经验学习，视为内部研发经验多组；若研发投入较上一年没有增加，则认为企业内部研发经验可能不足，视为内部研发经验少组。

表 6.3 中列（3）和列（5）分别为焦点企业内部研发经验较少和内部研发经验较多时创新投资同群效应对创新数量的影响结果。列（3）中 InnoP 的回归系数为-2.796 且在 1% 水平显著，列（5）中 InnoP 的回归系数为-2.731 且在 1% 水平显著，说明当焦点企业内部研发经验较少时，创新投资同群效应对焦点企业创新数量的促进作用更大。列（4）和列（6）分别为焦点企业内部研发经验较少和内部研发经验较多时创新投资同群效应对创新质量的影响结果。InnoP 的系数均在 1% 水平显著为负，但列（4）中 InnoP 的回归系数为-0.463，列（6）中 InnoP 的回归系数为-0.431，前者对创新质量的影响更大，表明创新投资同群效应更有助于提升内部研发经验较少的企业的创新质量。

综合以上分析，假设 6-2 成立，即相较于内部研发经验多的企业，创新投资同群效应更有助于研发经验少的企业增加创新数量以及提高创新质量，发挥内部经验互补作用，这可能是由于内部研发经验较少的企业自身所具有的经验不足以在企业进行研发投入决策时提供足够的参考，企业更可能依据同群企业的创新投资进行"信息性学习"[294]。因此，同群企业的创新投资行为可以作为外部研发经验，在焦点企业创新"增量提质"方面具有比较大的借鉴价值。

（2）创新投资同群效应创新激励政策互补作用检验

为检验假设 6-3，依据郭玥（2018）的思路，将焦点企业政府补助明细项目中与创新有关的项目金额进行汇总，并除以总资产，用来测度政府创新补贴[430]。以政府创新补贴中位数为分界点，将样本按政府创新补贴的高低分为两组，分别检验创新投资同群效应对创新数量和创新质量的影响。

表 6.3 中列（7）和列（9）分别为获得政府创新补贴较低的焦点企业和获得政府创新补贴较高的焦点企业创新投资同群效应对创新数量的影响，InnoP 回归系数分别为-3.459 和-2.544，二者虽然都在 1% 水平显著，

但列（7）中 InnoP 对 InnoN 的影响更大。因此，创新投资同群效应对获得政府创新补贴较低企业的创新数量提高作用更强。列（8）和列（10）分别为两组样本中创新投资同群效应对创新质量的影响，列（8）中 InnoP 回归系数为−0.779 且在 1% 水平上显著；列（10）中 InnoP 回归系数为−0.114，但并不显著。因此，创新投资同群效应对获得政府创新补贴较低企业的创新质量提升作用更强。

综合以上分析，假设 6-3 成立，即相较于获得政府创新补贴较高的企业，创新投资同群效应更有助于获得政府创新补贴较低的企业增加创新数量以及提高创新质量，发挥创新激励政策互补作用。这是由于获得政府创新补贴较低的企业缺少创新政策的激励和支持，创新投资同群效应是一种温和的外部干预[410]，与政府创新补贴具有殊途同归之效，能够发挥创新激励作用，带动企业进行创新投资，从而促进企业创新"增量提质"。

6.4.3　稳健性检验

（1）内生性问题处理

本章在样本筛选过程中剔除了研发投入为 0 和存在缺失值的样本，可能会由于样本选择性偏差造成内生性问题。为此，参照魏志华和朱彩云（2019）的处理方法[431]，采用 Heckman 二阶段法来解决这一问题。第一阶段，根据企业是否具有研发投入设置哑变量 RDdum，并以其作为被解释变量，将模型（6.1）中的变量纳入选择模型，进行 Probit 回归，得到逆米尔斯比率 Imr；第二阶段，将 Imr 纳入模型（6.1），并重新进行回归。表 6.4 中列（1）为第一阶段回归结果，列（2）和列（3）分别为解释变量是创新数量和创新质量时第二阶段回归结果。可以发现，列（2）和列（3）中 InnoP 的回归系数均显著，在控制了样本选择性偏差后，与假设 6-1 结论一致。

表 6.4　Heckman 二阶段回归结果

	第一阶段	第二阶段	
	（1）	（2）	（3）
	RDdum	InnoN	InnoQ
InnoP		-1.486^{***}	-0.057^{***}
		(-17.748)	(-4.078)

表6.4(续)

	第一阶段	第二阶段	
	（1）	（2）	（3）
	RDdum	InnoN	InnoQ
Lev	−0.069	−0.709***	−0.023*
	(−0.978)	(−8.476)	(−1.704)
Roa	0.837***	2.295***	0.167***
	(6.027)	(11.249)	(5.051)
Tangi	0.042	−0.437***	−0.032*
	(0.537)	(−4.169)	(−1.868)
Tobinq	−0.076***	−0.260***	−0.014***
	(−9.552)	(−16.518)	(−5.211)
Subs	0.178***	0.689***	0.049***
	(20.949)	(18.586)	(8.124)
Size	−0.189***	−0.050	−0.007
	(−13.844)	(−1.237)	(−1.136)
Board	0.199***	−0.125*	0.077***
	(3.439)	(−1.734)	(6.470)
Inst	−0.497***	−1.124***	−0.127***
	(−9.155)	(−11.653)	(−8.097)
Soe	−0.128***	−0.158***	−0.031***
	(−4.745)	(−4.316)	(−5.288)
Imr		4.876***	0.331***
		(16.584)	(6.929)
常数项	1.716***	−8.625***	−0.536***
	(6.612)	(−27.537)	(−10.424)
样本量	15 078	15 078	15 078
行业	Yes	Yes	Yes
年份	Yes	Yes	Yes
Pseudo R²/Adj R²	0.056	0.362	0.221

（2）采用 Tobit 回归模型

本章采用了 OLS 方法进行估计，考虑到被解释变量焦点企业创新数量和创新质量均为起始值为 0 的连续变量，且存在多个 0 值，OLS 回归结果可能会存在偏差，因此采用被解释变量左侧受限的 Tobit 模型重新进行回归，结果如表 6.5 所示。各回归结果与表 6.3 中一致，假设 6-1~假设 6-3 均成立。

表 6.5 Tobit 模型回归结果

	全样本		内部研发经验少		内部研发经验多		政府创新补贴低		政府创新补贴高	
	（1）	（2）	（3）	（4）	（5）	（6）	（7）	（8）	（9）	（10）
	InnoN	InnoQ	InnoN	InnoQ	InnoN	InnoQ	InnoN	InnoQ	InnoN	InnoQ
InnoP	−3.107***	−0.594***	−3.188***	−0.617***	−3.041***	−0.590**	−3.972***	−1.174***	−2.649***	−0.135
	（−5.237）	（−3.843）	（−4.032）	（−2.974）	（−3.254）	（−2.516）	（−4.394）	（−4.200）	（−3.385）	（−0.793）
Lev	0.007	−0.015	0.045	0.039	0.037	−0.051*	−0.148	−0.022	0.219*	0.002
	（0.079）	（−0.633）	（0.328）	（1.093）	（0.308）	（−1.649）	（−1.179）	（−0.565）	（1.678）	（0.081）
Roa	0.503**	0.073	0.888**	0.075	0.411	0.084	0.303	0.051	0.779**	0.103
	（2.018）	（1.120）	（2.157）	（0.701）	（1.307）	（1.035）	（0.893）	（0.488）	（2.092）	（1.278）
Tangi	−0.610***	0.022	−0.651***	0.042	−0.579**	0.000	−0.506***	0.037	−0.719***	0.012
	（−5.215）	（0.733）	（−3.654）	（0.908）	（−3.738）	（0.005）	（−2.962）	（0.715）	（−4.472）	（0.345）
Tobinq	0.034***	0.002	0.029	−0.003	0.038**	0.007	0.009	0.002	0.047**	0.003
	（2.580）	（0.689）	（1.496）	（−0.559）	（2.086）	（1.566）	（0.473）	（0.386）	（2.510）	（0.642）
Subs	0.284***	0.025***	0.296***	0.034***	0.274***	0.017***	0.303***	0.041***	0.272***	0.000
	（21.086）	（6.978）	（14.615）	（6.370）	（15.121）	（3.510）	（14.469）	（6.396）	（10.624）	（0.005）
Size	0.437***	0.035***	0.409***	0.026***	0.457***	0.043***	0.401***	0.039***	0.452***	0.037***
	（21.999）	（6.852）	（13.579）	（3.297）	（17.318）	（6.296）	（12.621）	（4.005）	（16.669）	（6.344）
Board	0.380***	0.060***	0.445***	0.054*	0.326***	0.064***	0.348***	0.061*	0.415***	0.057**
	（5.292）	（3.222）	（4.084）	（1.894）	（3.428）	（2.598）	（3.332）	（1.885）	（4.208）	（2.663）
Inst	−0.337***	−0.050***	−0.401***	−0.042*	−0.298**	−0.057**	−0.287***	−0.063**	−0.366***	−0.033*
	（−5.266）	（−3.022）	（−4.167）	（−1.681）	（−3.487）	（−2.579）	（−3.165）	（−2.256）	（−4.071）	（−1.687）
Soe	0.151***	−0.002	0.207***	0.000	0.108**	−0.003	0.094*	−0.012	0.211***	0.006
	（4.720）	（−0.267）	（4.239）	（0.008）	（2.563）	（−0.309）	（1.896）	（−0.769）	（5.041）	（0.623）
常数项	−13.587***	−1.122***	−13.249***	−0.990***	−13.804***	−1.230***	−12.642***	−1.497***	−14.258***	−0.711***
	（−35.477）	（−11.293）	（−23.045）	（−6.618）	（−26.891）	（−9.250）	（−18.045）	（−6.958）	（−26.262）	（−6.051）
样本量	10 256	10 256	4 697	4 697	5 559	5 559	5 128	5 128	5 128	5 128
行业	Yes	Yes	Yes	Yes	Yes	Yes	Yes	Yes	Yes	Yes
年份	Yes	Yes	Yes	Yes	Yes	Yes	Yes	Yes	Yes	Yes
Pseudo R^2	0.144	0.174	0.137	0.170	0.153	0.189	0.109	0.102	0.149	0.335

（3）变更样本区间

2015 年国务院审议通过了《国务院关于大力推进大众创业万众创新若干政策措施的意见》（国发〔2015〕32 号），对企业创新数量和创新质量有了更高的要求，创新活力进一步提升，企业间创新投资互动可能会更强。同时，2020 年新冠疫情暴发导致企业研发活动受到冲击或停滞，企业之间创新投资互动可能会减弱，因此，2015—2019 年企业创新投资同群效应更具典型特点，对 2016—2020 年创新产出的影响更为稳定，故将样本区间设定为 2016—2020 年，重新进行回归，结果如表 6.6 所示，可以发现假设 6-1~假设 6-3 的结果依然稳健。

表 6.6　2016—2020 年样本回归结果

	全样本		内部研发经验少		内部研发经验多		政府创新补贴低		政府创新补贴高	
	（1）	（2）	（3）	（4）	（5）	（6）	（7）	（8）	（9）	（10）
	InnoN	InnoQ	InnoN	InnoQ	InnoN	InnoQ	InnoN	InnoQ	InnoN	InnoQ
InnoP	-3.064***	-0.487***	-3.077***	-0.515***	-3.054***	-0.509***	-4.005***	-0.787***	-2.692***	-0.167
	(-4.628)	(-3.535)	(-2.940)	(-2.830)	(-3.562)	(-2.383)	(-3.968)	(-3.524)	(-3.050)	(-0.988)
Lev	0.045	-0.029	0.017	0.013	0.142	-0.063**	-0.105	-0.032	0.215	-0.013
	(0.459)	(-1.408)	(-0.115)	(0.418)	(1.072)	(-2.284)	(-0.763)	(-1.054)	(1.486)	(-0.463)
Roa	0.584**	0.037	0.858*	0.014	0.538	0.048	0.537	0.039	0.651	0.075
	(2.142)	(0.648)	(1.873)	(0.152)	(1.563)	(0.659)	(1.475)	(0.479)	(1.554)	(0.933)
Tangi	-0.596***	0.035	-0.512***	0.059	-0.669***	0.006	-0.443**	0.056	-0.762***	0.012
	(-4.664)	(1.301)	(-2.638)	(1.472)	(-3.927)	(0.172)	(-2.383)	(1.354)	(-4.299)	(0.348)
Tobinq	0.040**	0.001	0.027	-0.003	0.055**	0.006	-0.002	-0.001	0.065***	0.001
	(2.471)	(0.285)	(1.203)	(-0.552)	(2.369)	(1.188)	(-0.074)	(-0.134)	(2.849)	(0.177)
Subs	0.276***	0.017***	0.278***	0.020***	0.271***	0.014***	0.273***	0.027***	0.280***	-0.001
	(19.166)	(5.691)	(12.916)	(4.585)	(13.880)	(3.470)	(12.239)	(5.493)	(9.930)	(-0.147)
Size	0.420***	0.026***	0.410***	0.021***	0.434***	0.029***	0.367***	0.018***	0.439***	0.033***
	(19.437)	(5.674)	(12.562)	(3.188)	(14.917)	(4.830)	(10.648)	(2.397)	(14.505)	(5.783)
Board	0.396***	0.032**	0.521***	0.032	0.292***	0.030	0.406***	0.029	0.396***	0.029
	(5.147)	(1.996)	(4.457)	(1.324)	(2.850)	(1.382)	(3.636)	(1.184)	(3.714)	(1.434)
Inst	-0.336***	-0.034**	-0.462***	-0.038*	-0.252***	-0.030	-0.265***	-0.023	-0.376***	-0.039**
	(-4.794)	(-2.306)	(-4.380)	(-1.766)	(-2.675)	(-1.522)	(-2.657)	(-1.039)	(-3.781)	(-2.063)
Soe	0.161***	0.000	0.219***	0.002	0.119**	0.000	0.126**	-0.001	0.194***	0.006
	(4.602)	(0.005)	(4.113)	(0.178)	(2.539)	(0.012)	(2.326)	(-0.116)	(4.159)	(0.647)
常数项	-11.610***	-0.533***	-11.664***	-0.513***	-11.630***	-0.556***	-10.262***	-0.538***	-12.222***	-0.392***
	(-28.949)	(-6.393)	(-19.362)	(-4.130)	(-21.462)	(-4.897)	(-13.796)	(-3.259)	(-21.079)	(-3.542)
样本量	7 314	7 314	3 375	3 375	3 939	3 939	3 657	3 657	3 657	3 657
行业	Yes	Yes	Yes	Yes	Yes	Yes	Yes	Yes	Yes	Yes
年份	Yes	Yes	Yes	Yes	Yes	Yes	Yes	Yes	Yes	Yes
Adj R²	0.438	0.174	0.420	0.174	0.453	0.173	0.330	0.119	0.445	0.227

（4）替换被解释变量

由于专利中的实用新型和外观设计更多地体现为企业的策略性创新，而发明专利属于实质性创新[427]，更能体现企业创新的真实质量，因此，参照陈文俊等（2020）的研究[432]，以对数化处理后的发明专利申请量来测度企业创新质量。将该变量纳入模型（6.1）进行回归，结果如表 6.7 所示，假设 6-1～假设 6-3 仍然成立。

表 6.7 替换创新质量变量回归结果

	全样本	内部研发经验少	内部研发经验多	政府创新补贴低	政府创新补贴高
	(1)	(2)	(3)	(4)	(5)
	InnoQ	InnoQ	InnoQ	InnoQ	InnoQ
InnoP	−1.508***	−1.954**	−1.123	−2.387***	−1.082
	(−2.849)	(−2.354)	(−1.632)	(−3.111)	(−1.481)
Lev	−0.077	−0.109	0.008	−0.150	0.039
	(−0.954)	(−0.901)	(0.070)	(−1.411)	(0.324)
Roa	0.241	0.463	0.240	0.191	0.403
	(1.087)	(1.274)	(0.851)	(0.665)	(1.160)
Tangi	−0.675***	−0.536***	−0.792***	−0.539***	−0.865***
	(−6.467)	(−3.393)	(−5.688)	(−3.720)	(−5.763)
Tobinq	0.049***	0.047***	0.049***	0.017	0.062***
	(4.159)	(2.743)	(3.008)	(1.054)	(3.538)
Subs	0.295***	0.308***	0.283***	0.274***	0.323***
	(24.614)	(17.182)	(17.447)	(15.449)	(13.477)
Size	0.378***	0.358***	0.391***	0.299***	0.398***
	(21.355)	(13.408)	(16.512)	(11.125)	(15.745)
Board	0.273***	0.335***	0.226***	0.185**	0.366***
	(4.262)	(3.464)	(2.643)	(2.081)	(3.978)
Inst	−0.223***	−0.353***	−0.126	−0.179**	−0.265***
	(−3.914)	(−4.133)	(−1.638)	(−2.315)	(−3.160)
Soe	0.202***	0.239***	0.172***	0.139***	0.243***
	(7.075)	(5.499)	(4.526)	(3.297)	(6.215)
常数项	−11.637***	−11.550***	−11.642***	−9.281***	−12.867***
	(−35.933)	(−23.848)	(−26.614)	(−16.375)	(−26.521)
样本量	10 256	4 697	5 559	5 128	5 128
行业	Yes	Yes	Yes	Yes	Yes
年份	Yes	Yes	Yes	Yes	Yes
Adj R²	0.392	0.371	0.408	0.240	0.402

6.5 异质性分析

6.5.1 行业竞争程度异质性分析

行业竞争程度越高，企业越有动力开展创新投资[353]。在激烈的竞争环境中，为降低市场风险，企业更有可能模仿竞争对手的创新战略，因此，竞争可以引发企业创新投资行为同群效应。行业竞争程度越高，越能激发企业之间创新投资决策的模仿与学习，对创新数量和创新质量的影响可能会更大。基于以上分析，本章以行业赫芬达尔指数 HHI 度量行业竞争程度，将样本按行业竞争程度进行分组，检验在不同行业竞争程度下创新投资同群效应对创新成果的影响。由于 HHI 越高表示行业竞争程度越低，因此高于 HHI 中位数的行业视为行业竞争程度低组别，低于 HHI 中位数的行业视为行业竞争程度高组别。

基于行业竞争程度的检验结果如表 6.8 所示。列（1）和列（3）为不同行业竞争程度下创新投资同群效应对焦点企业创新数量的影响。列（1）中 InnoP 回归系数为 -2.072 且在 10% 水平上显著，列（3）中 InnoP 回归系数为 -3.103 且在 1% 水平上显著，说明行业竞争程度越高，创新投资同群效应越能够增加焦点企业创新数量。列（2）和列（4）为不同行业竞争程度下创新投资同群效应对焦点创新质量的影响。列（2）中 InnoP 回归系数为 -0.302 且在 5% 水平上显著，列（4）中 InnoP 回归系数为 -0.731 且在 1% 水平上显著，说明行业竞争程度越高，创新投资同群效应越能够提高焦点企业创新质量。

表 6.8　行业竞争程度和经济政策不确定性异质性检验结果

	行业竞争程度低		行业竞争程度高		经济政策不确定性低		经济政策不确定性高	
	（1）	（2）	（3）	（4）	（5）	（6）	（7）	（8）
	InnoN	InnoQ	InnoN	InnoQ	InnoN	InnoQ	InnoN	InnoQ
InnoP	-2.072*	-0.302**	-3.103***	-0.731***	-2.697***	-0.319**	-2.909***	-0.558***
	(-1.848)	(-2.304)	(-4.731)	(-3.380)	(-3.717)	(-2.286)	(-3.232)	(-3.032)
Lev	-0.142	0.015	0.208*	-0.033	0.026	-0.010	0.072	-0.010
	(-1.125)	(0.643)	(1.841)	(-1.273)	(0.203)	(-0.382)	(0.643)	(-0.452)
Roa	0.838**	0.077	0.175	0.049	1.812***	0.101	-0.176	0.054
	(2.282)	(1.234)	(0.594)	(0.682)	(4.879)	(1.221)	(-0.599)	(0.963)
Tangi	-0.541***	-0.040	-0.622***	0.061*	-0.657***	0.098***	-0.513***	-0.070**

表6.8(续)

	行业竞争程度低		行业竞争程度高		经济政策不确定性低		经济政策不确定性高	
	（1）	（2）	（3）	（4）	（5）	（6）	（7）	（8）
	InnoN	InnoQ	InnoN	InnoQ	InnoN	InnoQ	InnoN	InnoQ
	（−3.161）	（−1.290）	（−3.931）	（1.896）	（−3.700）	（2.838）	（−3.341）	（−2.436）
Tobinq	0.030	−0.005	0.041**	0.010**	0.017	−0.001	0.046***	0.000
	（1.604）	（−1.411）	（2.426）	（2.474）	（0.861）	（−0.134）	（2.868）	（0.019）
Subs	0.247***	0.013***	0.287***	0.020***	0.249***	0.009**	0.293***	0.027***
	（12.309）	（3.652）	（15.489）	（5.466）	（12.886）	（2.512）	（15.294）	（7.648）
Size	0.402***	0.031***	0.452***	0.024***	0.419***	0.018***	0.411***	0.028***
	（14.678）	（5.521）	（16.001）	（4.677）	（13.297）	（2.934）	（16.076）	（5.723）
Board	0.437***	0.050***	0.232**	0.030	0.444***	0.036*	0.224**	0.046**
	（4.157）	（2.724）	（2.566）	（1.482）	（4.430）	（1.747）	（2.360）	（2.533）
Inst	−0.283***	−0.012	−0.348***	−0.064***	−0.352***	−0.014	−0.281***	−0.053***
	（−3.298）	（−0.687）	（−4.100）	（−3.627）	（−4.009）	（−0.737）	（−3.371）	（−3.414）
Soe	0.137***	−0.007	0.173***	0.001	0.136***	−0.008	0.164***	0.000
	（3.107）	（−0.821）	（4.231）	（0.106）	（2.982）	（−0.848）	（4.100）	（0.032）
常数项	−10.973***	−0.599***	−12.080***	−0.554***	−10.996***	−0.330***	−11.625***	−0.679***
	（−22.027）	（−6.125）	（−25.129）	（−5.584）	（−19.113）	（−2.759）	（−26.692）	（−8.148）
样本量	5 128	5 128	5 128	5 128	4 644	4 644	5 612	5 612
行业	Yes	Yes	Yes	Yes	Yes	Yes	Yes	Yes
年份	Yes	Yes	Yes	Yes	Yes	Yes	Yes	Yes
Adj R²	0.396	0.169	0.450	0.179	0.389	0.117	0.445	0.121

6.5.2 经济政策不确定性异质性分析

经济政策不确定性会加剧信息不对称性，使企业难以判断未来宏观经济政策变动方向，从而影响投资策略制定[433]。经济政策不确定性较高时，管理者获取外部信息的成本增加，难以依靠自身所掌握的信息做出合理决策，为了规避研发风险，获得更多和更好的创新产出，管理者更倾向于向"行业标准"看齐，创新数量和创新质量受创新投资同群效应的影响将会更大。本章采用 Baker et al. （2016）构建的月度经济政策不确定性指数[434]，并借鉴张峰等（2019）的处理方法[435]，将月度数据计算几何平均数转化为年度数据，作为企业年度经济政策不确定性指数。按经济政策不确定性高低进行分组，高于中位数的为经济政策不确定性高组别，低于中位数的为经济政策不确定性低组别，检验在不同经济政策不确定性下，创新投资同群效应对企业创新数量和创新质量的影响。

表6.8 报告了检验结果，列（5）和列（7）为不同经济政策不确定性水平下创新投资同群效应对焦点企业创新数量的影响。列（5）中 InnoP

回归系数为-2.697,列(7)中 InnoP 回归系数为-2.909,说明经济政策不确定性水平越高,创新投资同群效应越能够增加焦点企业创新数量。列(6)和列(8)为不同经济政策不确定性水平下创新投资同群效应对焦点企业创新质量的影响。列(6)中 InnoP 回归系数为-0.319且在5%水平显著,列(8)中 InnoP 回归系数为-0.558且在1%水平显著,说明经济政策不确定性水平越高,创新投资同群效应越能够提高焦点企业创新质量。

6.6 研究结论与启示

本章以2015—2021年我国 A 股研发活跃型上市公司为研究样本,实证检验了创新投资同群效应在企业创新产出环节的经济后果。研究结果表明:①创新投资同群效应有助于企业创新"增量提质"。②相较于内部研发经验多的企业,创新投资同群效应更有助于研发经验少的企业创新"增量提质",同群企业创新投资行为作为外部研发经验可以为企业创新投资提供借鉴参考,发挥内部经验互补作用;相较于获得政府创新贴高的企业,创新投资同群效应更有助于获得政府创新补贴低的企业创新"增量提质",同群企业创新投资与政府创新补贴具有殊途同归之效,能够激励企业进行创新投资,发挥创新激励政策互补作用。③进一步异质性检验表明,行业竞争程度越高、经济政策不确定性水平越高,创新投资同群效应越能够促进企业创新"增量提质"。

企业创新"增量提质"是提高国家创新实力的重要保障,本章将研究视角定位在企业之间创新投资相互学习与模仿所形成的同群效应,研究创新投资同群效应在企业创新数量和创新质量层面的经济后果。创新投资同群效应虽不同于宏观层面的创新激励政策和微观层面的企业自身研发经验,但在促进企业创新"增量提质"上却与二者具有异曲同工之效,从同群企业创新投资相互影响与带动角度丰富了对企业创新数量和质量影响因素的研究,为促进企业创新"增量提质"提供了另一种思路。更为重要的是,本章拓展了创新投资同群效应的研究,已有学者大多研究了企业财务行为同群效应的存在性和在不同企业间的差异性,研究内容多侧重于同群效应这一特征表象,并未深入探究财务行为同群效应对企业会产生何种影响,而只有明确了这一问题,财务行为同群效应的研究才能更好地体现出实践意义。因此，本章将企业创新投资行为同群效应的研究链条向后延伸，探究了创新投资同群效应在创新产出层面的经济后果，进一步明确了创新投资同群效应的研究价值。

　　基于以上研究结论，在建设创新型国家的过程中，要充分重视同行企业之间创新投资环节的相互影响与带动，通过激发企业创新投资活力，可以实现创新产出环节的"增量提质"。本章的研究启示在于：第一，行业协会要为企业搭建创新投资信息交流平台，促进行业内企业间研发经验的交流。企业在与同群企业的信息交流中，能够获取外部研发经验，尤其是对于内部研发经验较少的企业而言，借鉴同群企业的研发经验可以有效弥补自身内部研发经验的不足，充分发挥创新投资同群效应对创新"增量提质"的内部经验互补作用。第二，政府管理部门在制定和实施创新激励政策时，可以将创新投资同群效应作为一种温和的、低成本的、非强制性的外部干预方式，着重选出一批行业内具有示范作用的优质企业进行激励，通过这些企业带动同群企业开展创新投资，进一步提高同群企业尤其是未获得创新激励企业的创新产出，充分发挥创新投资同群效应对创新"增量提质"的激励政策互补作用。第三，医药制造业、计算机通信业等竞争程度比较高的行业中的企业应注意关注同群企业的创新投资决策，通过借鉴或学习同群企业的创新投资行为，实现自身创新"增量提质"，提高在行业中的竞争力。第四，近年来我国经济政策不确定性较高，企业应加强与同群企业的交流与合作，掌握更多的宏观或行业层面的研发相关信息，从而有利于做出合理的创新投资决策，在同群企业的带动下促进创新"增量提质"。

7 总结与展望

7.1 研究结论

本书立足于国家创新驱动发展的战略背景，将社会心理学领域的同群效应引入微观企业干体创新投资行为的研究，探索了在同群效应这一特殊的外部因素作用下，企业之间创新投资行为的相互依存状态、影响路径及在创新产出环节的经济后果。主要形成了以下研究结论。

首先，探究了企业创新投资行为同群效应的存在性和传导规律。对企业创新投资行为同群效应的存在性进行检验，在此基础上，进一步对企业创新投资行为传导规律进行识别，同时基于信息传递的角度进行异质性分析。形成的结论包括：①同一行业内，企业创新投资行为存在同群效应。②企业创新投资行为传导过程遵从企业规模和研发水平层面的"下降律"以及产权性质层面的"先内后外律"，体现为规模较小和研发水平较低的企业受同群企业创新投资行为的影响与带动作用更大，同一产权性质的企业之间创新投资行为同群效应更为显著。③从信息传递的角度来看，焦点企业处于信息劣势地位或同群企业信息披露质量越高，创新投资行为同群效应越显著。

其次，刻画了同群效应下企业创新投资行为的传导路径。以信息传递媒介为出发点，抽象出对创新投资信息传递过程具有媒介作用的关键环节，设计成中介变量，并构建结构方程模型，实证检验了同群效应下企业创新投资行为的传导路径。形成的结论包括：①同群企业创新投资行为向焦点企业传导过程中，焦点企业管理者创新注意力发挥重要的中介效应，是企业之间创新投资信息传递的媒介，同群企业通过焦点企业管理者注意力这个关键节点对焦点企业创新投资行为产生带动作用。②在企业创新投资行为的互动关系中，焦点企业管理者特征和行业特征对焦点企业管理者创新注意力中介效应的发挥具有异质性影响。焦点企业管理者能力越强、管理者权力越大以及行业竞争程度越高、行业技术要求水平越高，焦点企业管理者创新注意力在企业创新投资行为传导路径中发挥的中介效应越显著。

再次，探究了社会网络关系对同群效应下企业创新投资行为传导路径的影响。以信息传递渠道为出发点，从企业社会网络关系中抽选出对企业创新投资决策产生重要影响的连锁关系（包括连锁董事和连锁股东）和人情关系（包括管理者的校友关系和老乡关系），构建有调节的中介效应模型，考察以这两类关系为代表的社会网络关系对企业创新投资行为传导路径的影响。形成的结论包括：连锁关系和人情关系对企业创新投资传导路径具有调节效应，体现在强化焦点企业管理者创新注意力中介效应的发挥。二者均能够使管理者更容易注意到同群企业创新投资信息，通过拓展企业信息获取渠道来调节"同群企业创新投资行为→焦点企业管理者创新注意力"路径，同时，连锁关系有助于企业获取和利用创新资源，促进管理者将创新注意力转化为实际的创新投资行为，从而调节"焦点企业管理者创新注意力→焦点企业创新投资行为"路径。

最后，考察了企业创新投资行为同群效应的经济后果。实证检验了创新投资同群效应在创新产出环节的经济后果，进一步深化和明确了创新投资行为同群效应的研究价值。形成的结论包括：①创新投资同群效应有助于企业创新"增量提质"。②同群企业创新投资行为作为外部研发经验可以为企业创新投资提供借鉴参考，发挥内部经验互补作用，同时，与政府创新补贴具有殊途同归之效，能够激励企业进行创新投资，发挥创新激励政策互补作用。因此，创新投资同群效应更有助于研发经验较少的企业和获得政府创新补贴较低的企业创新"增量提质"。③从行业和宏观经济角度来看，行业竞争程度越高、宏观经济政策不确定性水平越高，创新投资同群效应对企业创新"增量提质"的促进作用越大。

7.2 创新点

本书创新点主要包括以下四个方面。

①探索并检验了企业创新投资行为同群效应的存在性及传导规律。构建回归模型进行大样本实证检验，验证了企业的创新投资行为不仅存在同群效应，而且同群效应遵从"下降律"和"先内后外律"。"下降律"体现为规模较小和研发水平较低的企业创新投资行为更容易被同群企业带动，"先内后外律"体现为同一产权性质的企业之间创新投资行为同群效应更为显著。从信息传递的角度来看，处于信息劣势地位的企业创新投资行为更容易受同群企业影响，同群企业信息披露质量越高越能够促进创新投资行为同群效应。

②构建并验证了同群效应下企业创新投资行为的传导路径模型。以信息传递媒介为出发点，将企业决策回归到管理者个体认知，构建结构方程模型，形成了"同群企业创新投资行为→焦点企业管理者创新注意力→焦点企业创新投资行为"创新投资传导路径。企业创新投资行为传导过程中，焦点企业管理者创新注意力发挥中介效应，同群企业通过这一关键节点对焦点企业创新投资产生带动作用。焦点企业管理者能力越强、管理者权力较大、行业竞争程度越高、行业技术要求水平越高，焦点企业管理者创新注意力发挥的中介效应越显著。

③探究了社会网络关系对同群效应下企业创新投资行为传导路径的影响。以信息传递渠道为出发点，从社会网络关系中抽选出对企业创新投资决策有重要影响的连锁关系和人情关系，构建有调节的中介效应模型，发现连锁关系和人情关系对企业创新投资行为传导路径具有调节效应，并体现在强化管理者创新注意力中介效应的发挥。二者均拓展了企业创新投资信息获取的渠道，调节"同群企业创新投资行为→焦点企业管理者创新注意力"路径，同时连锁关系提高了企业获取和利用创新资源的能力，有助于将管理者创新注意力落实到创新投资行为，调节"焦点企业管理者创新注意力→焦点企业创新投资行为"路径。

④检验了创新投资行为同群效应促进企业创新的效果。对企业创新投资同群效应在创新产出环节的经济后果进行检验，进一步深化创新投资同

群效应的研究价值，发现创新投资同群效应能够促进企业创新"量质双升"，尤其对创新经验不足和获得政府创新补贴较少的企业，更有利于其创新"增量提质"，具有微观层面内部经验补充机制和宏观层面创新激励政策补充机制。在行业和宏观经济层面，行业竞争程度越高、经济政策不确定性水平越高，创新投资同群效应对企业创新数量和创新质量的促进作用越明显。

7.3 政策启示

在当下国家落实创新驱动发展战略的关键时点，本书对于政府设计有效机制引导企业的群体创新投资行为以及企业加强创新投资决策管理具有重要意义。本书相关研究结论可以为助推企业创新投资行为，营造行业创新投资氛围，激发全社会创新投资联动提供参考，形成以下政策启示。

第一，充分利用创新投资同群效应的创新激励政策补充机制，将国家宏观创新战略内化为企业自愿的创新行为。不同于政策制度的强制性干预，同群效应是一种促进企业创新投资的隐性机制，基于企业的主动性选择，更容易发挥企业之间创新投资行为的拉拔效应和追赶效应，能够减少政策实施的阻力。政府管理部门可以利用同群效应的作用机理，将其作为政策制度的辅助手段，为企业营造良好的创新氛围，将国家宏观创新战略内化为企业自愿的创新行为，在节省政策实施成本的同时更大程度地激发企业创新投资积极性，扩大行业创新投资规模，提升国家创新体系整体效能，建立推动创新发展的有效机制。

第二，结合企业创新投资行为传导规律，选好"点"企业，以"点"带"面"式助推企业创新投资。创新投资行为的互动可以在企业间形成涟漪式扩散，同群效应会显著影响扩散的力度和范围。利用企业创新投资行为同群效应，通过积极营造创新互动氛围、引导创新投资思路等温和的干预方式可以激发企业创新投资。鉴于同行业企业创新投资行为传导过程遵从"下降律"和"先内后外律"，政府管理部门可以基于不同维度，如企业规模、企业研发水平、产权性质等，选出一批企业作为"点"管理对象，对其创新投资进行重点管理，结合企业创新投资行为传导规律，利用这批企业带动更多企业的开展创新投资，实现企业规模层面以"大"带

"小"、研发水平层面以"高"带"低",相同产权性质企业互相带动的效果。

第三,重视行业创新投资信息交流,行业协会搭建和完善创新投资信息共享平台。企业之间创新投资行为传导的本质是信息的传递。行业协会要积极搭建和完善创新投资信息发布和交流平台,在行业信息流动中起到支撑和引导作用。尤其是竞争性强和技术要求高的行业,行业协会更应时刻把握行业创新投资技术前沿,提升行业创新投资信息的质量和传递效率,有效促进行业内企业之间创新投资信息共享,助推企业相互带动开展创新投资,从而培育更多充满活力、持续稳定创新的市场主体,实现行业整体技术进步和技术升级。

第四,找准企业创新投资行为关键传导节点,发挥管理者的作用。管理者是企业决策的根源,管理者创新注意力是创新投资行为在企业之间传导的桥梁。因此,助推企业创新投资行为时可着重从企业管理者入手。管理者创新注意力能够促使企业感知和吸收行业内有效的创新投资信息,驱动企业实施创新投资战略。管理者要保持对外部环境的注意力,尤其是关注同行企业的创新投资行为。在战略决策过程中,注意力配置的重点在于与自身相关的创新投资机会,应注重对创新投资机会的识别和把握,降低决策成本;在创新活动实施过程中,注意力配置的重点在于创新资源的调度和对同群企业经验的学习,应注重为创新活动提供有效支撑,提高创新投资效率。

第五,合理利用网络关系治理机制,拓宽企业创新投资信息和资源获取渠道。企业应加强社会网络关系维护,合理利用网络关系治理机制,提升企业创新决策和治理水平。连锁董事和连锁股东构成的连锁关系以及管理者基于学缘或地缘形成的校友和老乡关系是企业社会网络关系的重要内容,同时也是企业获取创新信息和资源的有力途径。通过引导企业构建合理的公司治理架构,充分调动社会网络关系为企业带来的信息和资源效应,积极拓展企业创新投资信息和资源获取渠道,塑造开放与沟通的企业文化,避免"闭门造车"式自主创新。

7.4 研究局限与展望

本书从同群效应视角出发，探索了在国家实施创新驱动发展战略的背景下，微观主体创新投资行为的相互影响作用、内在影响机理及产生的经济后果，既丰富了企业创新投资、同群效应、管理者注意力、社会网络关系等领域的理论研究，也为国家创新驱动发展战略的有效落地和实施提供了政策参考。但受限于研究资料可获得性、研究方法可实施性等主客观因素，本研究尚存在一定局限性，在未来研究中可进一步加以改进和完善。

第一，研究方法存在局限性。在理论分析的基础上，本书对主体研究内容仅运用结构方程模型、多元回归模型进行了实证研究，虽然模型结果从统计学上支持了本书的研究假设，但考虑到企业处于复杂的经济环境中，创新投资是实践性很强的经济活动，模型回归结果难以体现出企业创新投资行为实际的相互依存关系。因此，在未来研究中，立足于我国企业实际情况，可以采用案例研究、问卷调查、实地调研等方法，深度分析或调研企业创新投资行为互动影响的具体情况。

第二，研究样本存在局限性。受限于企业创新投资数据的披露现状，本书将研究样本限定为研发活跃型上市公司，在企业实际创新投资过程中，除受到研发活跃型上市公司的影响外，还会受到非上市公司创新投资的影响。虽然本书已在研究中对样本选择偏差引起的内生性问题进行了稳健性检验，但也仅限于上市公司范围内，由于我国未强制非上市公司披露创新投资及其他财务数据，因此难以将非上市公司纳入企业创新投资同群效应的研究。未来可通过调研获取非上市公司相关数据，进行某一行业或其他小范围的创新投资行为同群效应研究。

第三，同群企业界定维度存在局限性。本书以是否处于同一行业为标准界定同群企业，虽然这是同群效应研究中的常用界定标准，但除行业外，企业还处于多种维度划分的群体内，如基于行政区划、经济距离及分析师跟踪网络等形成的群体。因此，企业创新投资行为可能受到多种群体的影响，也就是不同维度的同群效应可能会对企业创新投资行为产生综合性影响。未来研究中，可以探究以其他维度界定的同群企业是否对企业创新投资行为产生影响以及不同维度同群效应的差异程度。

参考文献

［1］ BEN-ZION U, FIXLER D J. Market structure and product innovation ［J］. Southern economic journal, 1981, 48（2）: 437-448.

［2］ COHEN W M, LEVINTHAL D A. Innovation and learning: the two faces of R&D ［J］. Economic journal, 1989, 99（397）: 569-596.

［3］ AGHION P, ALESINA A, TREBBI F. Endogenous political institutions ［J］. The quarterly journal of economics, 2004, 119（2）: 44-55.

［4］ MANSKI C F. Identification of endogenous social effects: the reflection problem ［J］. The review of economic studies, 1993, 60（3）: 531-542.

［5］ HOGG M A. Uncertainty-identity theory ［J］. Advances in experimental social psychology, 2007, 39（6）: 69-126.

［6］ CHEN S, MA H. Peer effects in decision-making: evidence from corporate investment ［J］. China journal of accounting research, 2017, 10（2）: 167-188.

［7］ LEARY M T, ROBERTS M R. Do peer firms affect corporate financial policy? ［J］. The journal of finance, 2014, 69（1）: 139-178.

［8］ 赵颖. 中国上市公司高管薪酬的同群效应分析 ［J］. 中国工业经济, 2016（2）: 114-129.

［9］ 冯戈坚, 王建琼. 社会网络视角下的现金股利分配行为及其同群效应 ［J］. 管理评论, 2021, 33（3）: 255-268.

［10］ SCHUMPETER J A. The theory of economic development ［M］. Cambridge, MA: Harvard University Press, 1912.

［11］ 杨晨, 周海林. 创新要素向企业集聚的机理初探 ［J］. 科技进步与对策, 2009, 26（17）: 89-91.

［12］ BÜHLER C, ANDERSON J E. A handbook of child psychology ［M］. H. Milford: Oxford University Press, 1931.

[13] DOUGAL C, PARSONS C A, TITMAN S. Urban vibrancy and corporate growth [J]. Journal of finance, 2015, 70 (1): 163-210.

[14] 万良勇, 梁婵娟, 饶静. 上市公司并购决策的行业同群效应研究 [J]. 南开管理评论, 2016, 19 (3): 40-50.

[15] 彭镇, 连玉君, 戴亦一. 企业创新激励: 来自同群效应的解释 [J]. 科研管理, 2020, 41 (4): 45-53.

[16] SIMON H A. Administrative behavior: a study of decision-making processes in administrative organization [M]. New York: Free Press, 1947.

[17] FISKE S T, TAYLOR S. Social cognition [M]. 2nd ed. New York: Random House, 1991.

[18] SPROULL L S, KIESLER S, ZUBROW D. Encountering an alien culture [J]. Journal of social issues, 1984, 3 (40): 31-48.

[19] OCASIO W. Towards an attention-based view of the firm [J]. Strategic management journal, 1997, 18 (S1): 187-206.

[20] OCASIO W. Attention to attention [J]. Organization science, 2011, 22 (5): 1286-1296.

[21] CHEN S, BU M, WU S, et al. How does TMT attention to innovation of Chinese firms influence firm innovation activities? A study on the moderating role of corporate governance [J]. Journal of business research, 2015, 68 (5): 1127-1135.

[22] 吴建祖, 曾宪聚, 赵迎. 高层管理团队注意力与企业创新战略: 两职合一和组织冗余的调节作用 [J]. 科学学与科学技术管理, 2016, 37 (5): 170-180.

[23] WELLMAN B, BERKOWITZ S D. Social structures: a network approach [M]. Cambridge University Press, 1988.

[24] FLANNERY M J, KWAN S H, NIMALENDRAN M. Market evidence on the opaqueness of banking firms' assets [J]. Journal of finance economics, 2004 (71): 419-460.

[25] AKERLOF G A. The market for "lemons": quality uncertainty and the market mechanism [J]. The quarterly journal of economics, 1970, 81 (3): 488-500.

[26] SPENCE M A. Market signaling: informational transfer in hiring and

related screening processes [M]. Harvard University Press, 1974.

[27] STIGLITZ J E. Credit markets and the control of capital [J]. Journal of money, credit and banking, 1985, 17 (2): 133-152.

[28] TOMISLAVA M, BORIS P, GEORG R. Information asymmetry and moral hazard in financial economics[J]. Technical journal, 2015, (9): 209-215.

[29] 马松, 潘珊, 姚长辉. 担保机构、信贷市场结构与中小企业融资: 基于信息不对称框架的理论分析 [J]. 经济科学, 2014, (5): 62-78.

[30] AMBROSE B W, DIOP M. Information asymmetry, regulations, and equilibrium outcomes: theory and evidence from the housing rental market [J]. Social science electronic publishing, 2016 (10): 114-135.

[31] 尹筑嘉, 曾浩, 毛晨旭. 董事网络缓解融资约束的机制: 信息效应与治理效应 [J]. 财贸经济, 2018, 39 (11): 112-127.

[32] 杨丹, 黄丹, 黄莉. 会计信息形式质量研究: 基于通信视角的解构 [J]. 会计研究, 2018, 371 (9): 3-10.

[33] HUI K W, MATSUNAGA S R, MORSE D. The impact of conservatism on management quantitative earnings forecasts [J]. Journal of accounting and economics, 2009, 47 (3): 192-207.

[34] 石青梅, 孙梦娜, 谢香兵. 关键审计事项披露与企业创新质量: 基于信息不对称下的融资约束视角 [J]. 会计与经济研究, 2022, 36 (4): 19-40.

[35] MARCH J G, SIMON H A. Organizations [J]. Social science electronic publishing, 1958, 2 (1): 105-132.

[36] ARGYRIS C. SCHON D A. Organizational learning: a theory of action perspective [M]. Reading M. A, Addison-Wesley Publishing Company, 1978.

[37] FIOL C M, LYLES M A. Organizational learning [J]. Academy of management review, 1985, 10 (4): 803-813.

[38] STATA R, ALMOND P. Organizational learning: the key to management innovation [J]. The rraining and development sourcebook, 1989, 30 (3): 63-74.

[39] HUBER G P. Organizational learning: the contributing processes and the literatures [J]. Organization science, 1991, 2 (1): 88-115.

［40］ CROSSAN M M, LANE H W, WHITE R E. An organizational learning framework：from intuition to institution ［J］. Academy of management review, 1999, 24 （3）：522-537.

［41］ GHERARDI S, NICOLINI D. The organizational learning of safety in communities of practice［J］. Journal of management inquiry, 2000, 9 （1）：7-18.

［42］ ZAHRA S A, IRELAND R D, HITT M A. International expansion by new venture firms：international diversity, mode of market entry, technological learning, andnperformance ［J］. Academy of management journal, 2000, 43 （5）：925-950.

［43］ 陈国权, 马萌. 组织学习：现状与展望 ［J］. 中国管理科学, 2000 （1）：66-74.

［44］ 于海波, 方俐洛, 凌文轮. 组织学习及其作用机制的实证研究 ［J］. 管理科学学报, 2007, 53 （5）：48-61.

［45］ 吴士健, 孙专专, 刘新民. 知识治理、组织学习影响组织创造力的多重中介效应研究 ［J］. 中国软科学, 2017, 318 （6）：174-183.

［46］ 董佳敏, 刘人境, 严杰, 等. 知识分享意愿和隐性知识对组织学习绩效的交互影响 ［J］. 管理评论, 2021, 33 （2）：153-163.

［47］ ARGYRIS C. Organizational learning and management information systems ［J］. Accounting organizations & society, 1982, 13 （2-3）：3-11.

［48］ MARCH J G. Exploration and exploitation in organizational learning ［J］. Organization science, 1991, 2 （1）：71-87.

［49］ LICHTENSTEIN B B, LUMPKIN G T, SHRADER R C. Organizational learning by new ventures：concepts, strategies, and applications ［J］. Science in law, 2003, 6 （6）：11-36.

［50］ LUMPKIN G T, LICHTENSTEIN B B. The role of organizational learning in the opportunity-recognition process ［J］. Entrepreneurship theory and practice, 2005, 29 （4）：451-472.

［51］ LYLES M A, SCHWENK C R. Top management, strategy and organizational knowledge structures ［J］. Journal of management studies, 1992, 29 （2）：155-174.

［52］ DODGSON M. Technology learning, technology strategy and competitive pressures ［J］. British journal of management, 1991, 2 （3）：133-149.

[53] BOERNER C S, MACHER J T, TEECE D J. A review and assessment of organizational learning in economic theories [J]. Handbook of organizational learning and knowledge, 2001 (1): 89-117.

[54] PRAHALAD C, HAMEL G. The core competence of the corporation [J]. Harvard business review, 1990, 68 (3): 79-91.

[55] LANE P J, SALK J E, LYLES M A. Absorptive capacity, learning, and performance in international joint ventures [J]. Strategic management journal, 2001, 22 (12): 1139-1161.

[56] CHEN Y, LIN M J, CHANG C. The positive effects of relationship learning and absorptive capacity on innovation performance and competitive advantage in industrial markets [J]. Industrial marketing management, 2009, 38 (2): 152-158.

[57] NIELSEN B B, NIELSEN S. Learning and innovation in international strategic alliances: an empirical test of the role of trust and tacitness [J]. Journal of management studies, 2009, 46 (6): 1031-1056.

[58] KALE P, SINGH H. Building firm capabilities through learning: the role of the alliance learning process in alliance capability and firm-level alliance success [J]. Strategic management journal, 2007, 28 (10): 981-1000.

[59] SELNES F, SALLIS J. Promoting relationship learning [J]. Journal of marketing, 2003, 67 (3): 80-95.

[60] FANG S, FANG S, CHOU C, et al. Relationship learning and innovation: the role of relationship-specific memory [J]. Industrial marketing management, 2011, 40 (5): 743-753.

[61] 马鸿佳, 马楠, 郭海. 关系质量、关系学习与双元创新 [J]. 科学学研究, 2017, 35 (6): 917-930.

[62] 张春阳, 徐岩, 丁堃. 关系学习研究述评与展望 [J]. 经济管理, 2019, 41 (3): 193-208.

[63] JOHNSON J L, SOHI R S. The development of interfirm partnering competence: platforms for learning, learning activities, and consequences of learning [J]. Journal of business research, 2003, 56 (9) : 757-766.

[64] LAI C S, PAI D C, YANG C F, et al. The effects of market orientation on relationship learning and relationship performance in industrial marketing:

the dyadic perspectives [J]. Industrial marketing management, 2009, 38 (2):
166-172.

[65] KOHTAMAKI M, BOURLAKIS M. Antecedents of relationship learning in supplier partnerships from the perspective of an industrial customer: the direct effects model [J]. Journal of business & industrial marketing, 2012, 27 (4): 299-310.

[66] SUN R, ZHU H F. The influence of customer relationship learning on product innovation performance [J]. Pakistan journal of statistics, 2014, 30 (6): 1141-1160.

[67] 李贞, 杨洪涛. 吸收能力、关系学习及知识整合对企业创新绩效的影响研究: 来自科技型中小企业的实证研究 [J]. 科研管理, 2012, 33 (1): 79-89.

[68] CHANG C H. Enhancing new product development performance from adaptive ability and relationship learning: the mediation role of resource integration [J]. Total quality management & business excellence, 2017, 28 (1-2): 62-75.

[69] WU L W, LIN C Y. Innovation benefited by relationship learning [J]. International journal of business & economics, 2018, 17 (1): 55-72.

[70] SKARMEAS D, SARIDAKIS C, LEONIDOU C N. Examining relationship value in cross-border business relationships: a comparison between correlational and configurational approaches [J]. Journal of business research, 2018, (89): 280-286.

[71] CYERT R M, MARCH J G. A behavioral theory of the firm [M]. Englewood Cliffs, N. J.: Prentice-Hall, 1963.

[72] HAMBRICK D C, MASON P A. Upper echelons: the organization as a reflection of its top managers [J]. Academy of management review, 1984, 9 (2): 193-206.

[73] LAWRENCE B S. The black box of organizational demography [J]. Organization science, 1997 (8): 1-22.

[74] SMITH K G, SMITH K A, OLIAN J D, et al. Top management team demography and process: the role of social integration and communication [J]. Administrative science quarterly, 1994 (39): 412-438.

[75] SIMONS T, PELLED L H, SMITH K A. Making use of difference: diversity, debate, and decision comprehensiveness in top management teams [J]. Academy of management journal, 1999 (42): 662-673.

[76] HAMBRICK D C. Upper echelons theory: an update [J]. Academy of management review, 2007, 32 (2): 334-343.

[77] HANNAN M T, FREEMAN J H. The population ecology of organizations [J]. American journal of sociology, 1977, (82): 929-964.

[78] DIMAGGIO P J, POWELL W W. The iron cage revisited: institutional isomorphism and collective rationality in organizational fields [J]. American sociological review, 1983 (48): 147-160.

[79] HAMBRICK D C, FINKELSTEIN S. Managerial discretion: a bridge between polar views of organizational outcomes [J]. Research in organizational behavior, 1987, 9 (2): 369-406.

[80] FINKELSTEIN S, HAMBRICK D C. Top management team tenure and organizational outcomes: the moderating role of managerial discretion [J]. Administrative science quarterly, 1990 (35): 484-503.

[81] HAMBRICK D C, FINKELSTEIN S, MOONEY A. Executive job demands: new insights for explaining strategic decisions and leader behaviors [J]. Academy of management review, 2005 (30): 472-491.

[82] ROSS L, NISBETT R E. The person and the situation: perspectives of social psychology [M]. McGraw-Hill, New York, 1991.

[83] CHO T S, HAMBRICK D C. Attention as the mediator between top management team characteristics and strategic change: the case of airline deregulation [J]. Organization science, 2006, 17 (4): 453-469.

[84] KAPLAN S. Cognition, capabilities, and incentives: assessing firm response to the fiber-optic revolution [J]. Academy of management journal, 2008, 51 (4): 672-695.

[85] NADKARNI S, BARR P S. Environmental context, managerial cognition and strategic action: an integrated view [J]. Strategic management journal, 2008, 29 (13): 1395-1427.

[86] EGGERS J P, KAPLAN S. Cognition and renewal: comparing ceo and organizational effects on incumbent adaptation to technical change [J]. Or-

ganization science, 2009, 2 (20): 461-477.

[87] BOUQUET B, BIRKINSHAW J. How global strategies emerge: an attention perspective [J]. Global strategy journal, 2011 (3-4): 243-262.

[88] 吴建祖, 关斌. 高管团队注意力与企业对外直接投资方式: 基于中国制造业上市公司的实证研究 [J]. 软科学, 2013, 27 (11): 76-80.

[89] 董临萍, 宋渊洋. 高管团队注意力与企业国际化绩效: 权力与管理自由度的调节作用 [J]. 管理评论, 2017, 29 (8): 167-178.

[90] 吴建祖, 龚敏. 基于注意力基础观的 CEO 自恋对企业战略变革影响机制研究 [J]. 管理学报, 2018, 15 (11): 1638-1646.

[91] BOUQUET C, MORRISON A, BIRKINSHAW J. International attention and multinational enterprise performance [J]. Journal of international business studies, 2009, 40 (1): 108-131.

[92] 陈志军, 刘锡禄, 董美彤. 母子公司间一致性与子公司绩效: 母公司注意力配置的中介作用 [J]. 经济与管理研究, 2019, 40 (12): 128-140.

[93] THORNTON P H, OCASIO W. Institutional logics and the historical contingency of power in organizations: executive succession in the higher education publishing industry, 1958—1990 [J]. American Journal of Sociology, 1999, 105 (3): 801-843.

[94] OCASIO W, JOSEPH J. Rise and fall—or transformation? The evolution of strategic planning at the general electric company, 1940-2006 [J]. Long range planning, 2008, 41 (3): 248-272.

[95] ESSUMAN D, BRUCE P A, ATABURO H, et al. Linking resource slack to operational resilience: integration of resource-based and attention-based perspectives [J]. International journal of production economics, 2022, 254.

[96] HUNG S C. The plurality of institutional embeddedness as a source of organizational attention differences [J]. Journal of business research, 2005, 58 (11): 1543-1551.

[97] NIGAM A, OCASIO W. Event attention, environmental sensemaking, and change in institutional logics: an inductive analysis of the effects of public attention to clinton's health care reform initiative [J]. Organization science, 2010, 21 (4): 823-841.

[98] SURROCA J, PRIOR D. Using panel data dea to measure CEOs' fo-

cus of attention: an application to the study of cognitive group membership and performance [J]. Strategic management journal, 2016, 37 (2): 370-388.

[99] 于飞, 袁胜军, 胡泽民, 等. 网络密度、高管注意力配置与制造企业服务创新: 知识基础的调节作用 [J]. 管理评论, 2022, 34 (10): 158-169.

[100] POLANYI K. The great transformation: the political and economic origins of our time [M]. Boston MA: Beacon Press, 1944.

[101] GRANOVETTER M. Economic action and social structure: the problem of embeddedness [J]. American journal of sociology, 1985: 481-510.

[102] ZUKIN S, DIMAGGIO P. Structures of capital: the social organization of economy [M]. Cambridge MA: Cambridge University Press, 1990.

[103] BARBER B. All economies are "embedded": the career of a concept and beyond [J]. Social research, 1995, 62 (2): 387-413.

[104] UZZI B. Social structure and competition in interfirm networks: the paradox of embeddedness [J]. Administrative science quarterly, 1997, 42 (1): 35-67.

[105] TERENCE R M, BROOKS C H, THOMAS W L, et al. Why people stay: using job embeddedness to predict voluntary turnover [J]. The academy of management journal, 2001, 44 (6): 1102-1121.

[106] BURT R S. Structural holes: the social structure of competition [M]. Cambridge MA: Harvard University Press, 1992.

[107] GRANOVETTER M. The strength of weak ties [J]. American journal of sociology, 1973, 78 (6): 1360-1380.

[108] HALINEN A, TÖRNROOS J. The role of embeddedness in the evolution of business networks [J]. Scandinavian journal of management, 1998, 14 (3): 187-205.

[109] ANDERSSON U, FORSGREN M, HOLM U. The strategic impact of external networks: susidiary performance and competence development in the multinational corporation [J]. Strategic management journal, 2002, 23 (11): 979-996.

[110] HESS M. "Spatial" relationships? towards a conceptualization of embeddedness [J]. Progress in human geography, 2004, 28 (2): 165-186.

[111] HAGEDOORN J. Understanding the cross-level embeddedness of

interfirm partnership formation [J]. Academy of management review, 2006, 31 (2): 670-680.

[112] 彭伟, 符正平. 创业导向、双重网络嵌入与集群企业升级关系研究: 基于珠三角地区的实证研究 [J]. 广东财经大学学报, 2014, 29 (3): 71-80.

[113] 王名, 张雪. 双向嵌入: 社会组织参与社区治理自主性的一个分析框架 [J]. 南通大学学报 (社会科学版), 2019, 35 (2): 49-57.

[114] STEVENS M, VAN SCHAIK J. Implementing new technologies for complex care: the role of embeddedness factors in team learning [J]. Journal of operations management, 2020, 66 (1-2): 112-134.

[115] KIM H, KUNG H. The asset redeployability channel: how uncertainty affects corporate Investment [J]. Review of financial studies, 2017, 30 (1): 245-280.

[116] JENS C E. Political uncertainty and investment: causal evidence from U. S. gubernatorial elections [J]. Journal of financial economics, 2017, 124 (3): 563-579.

[117] 屈文洲, 崔峻培. 宏观不确定性研究新进展 [J]. 经济学动态, 2018 (3): 126-138.

[118] 潘凌云, 董竹. 宏观经济不确定性与公司研发 [J]. 经济与管理研究, 2021, 42 (3): 3-19.

[119] GUELLEC D, VAN P B. The impact of public R&D expenditure on business R&D [J]. Economic of innovation and new technology, 2003 (3): 225-243.

[120] HEWITT-DUNDAS N, ROPER S. Output additionality of public support for innovation: evidence for irish manufacturing plants [J]. European planning studies, 2010 (1): 107-122.

[121] 刘楠, 杜跃平. 政府补贴方式选择对企业研发创新的激励效应研究 [J]. 科技进步与对策, 2005 (11): 18-19.

[122] 宋砚秋, 齐永欣, 高婷, 等. 政府创新补贴、企业创新活力与创新绩效 [J]. 经济学家, 2021 (6): 111-120. .

[123] BUSOM I. An empirical evaluation of the effects of R&D subsidies [J]. Economics of innovation and new technology, 2000 (2): 111-148.

[124] 王一卉. 政府补贴、研发投入与企业创新绩效: 基于所有制、

企业经验与地区差异的研究 [J]. 经济问题探索, 2013 (7): 138-143.

[125] BLOOM N, GRIFFITH R, REENEN J V. Do R&D tax credits work? Evidence from a panel of countries 1979-1997 [J]. Journal of public economics, 2002 (85): 1-31.

[126] 李林木, 汪冲. 税费负担、创新能力与企业升级: 来自"新三板"挂牌公司的经验证据 [J]. 经济研究, 2017, 52 (11): 119-134.

[127] 宋建, 包辰. 税收优惠政策能否激励中国企业创新?: 基于创新链视角的探究 [J]. 南京审计大学学报, 2023, 20 (1): 60-67.

[128] JONES C I, WILLIAMS J C. Measuring the social return to R&D [J]. The quarterly journal of economics, 1998, 113 (4): 1119-1135.

[129] TASSEY G. Tax incentives for innovation: time to restructure the R&E tax credit [J]. The journal of technology transfer, 2007, 32 (6): 605-615.

[130] 杨国超, 刘静, 廉鹏, 等. 减税激励、研发操纵与研发绩效 [J]. 经济研究, 2017, 52 (8): 110-124.

[131] 杨国超, 芮萌. 高新技术企业税收减免政策的激励效应与迎合效应 [J]. 经济研究, 2020, 55 (9): 174-191.

[132] AGHION P, BLOOM N, BLUNDELL R, et al. Competition and innovation: an inverted-u relationship [J]. The quarterly journal of economics, 2005, 120 (2): 701-728.

[133] ARROW K J. Economic welfare and the allocation of resources for invention [M]. New Jersey: Princeton University Press, 1962.

[134] CORREA J A, ORNAGHI C. Competition & innovation: evidence from U. S. patent and productivity data [J]. The journal of industrial economics, 2014, 62 (2): 258-285.

[135] 刘斐然. 市场竞争、政府支持与产学研合作创新 [J]. 现代经济探讨, 2022, 485 (5): 88-98.

[136] 钟廷勇, 许超亚, 李江娜. 产业政策、市场竞争与企业创新策略选择 [J]. 江海学刊, 2021, 332 (2): 105-112.

[137] 毛新述, 于娜. 产品市场竞争与商业类国有企业创新 [J]. 中央财经大学学报, 2023, 426 (2): 52-62.

[138] 王靖宇, 付嘉宁, 张宏亮. 产品市场竞争与企业创新: 一项准自然实验 [J]. 现代财经 (天津财经大学学报), 2019, 39 (12): 52-66.

［139］ SCHUMPETER J. Creative destruction ［J］. Capitalism, socialism and democracy, 1942: 825.

［140］ CREPON B, DUGUET E, MAIRESSE J. Research, innovation and productivity: an econometric analysis at the firm level ［Z］. NBER working paper, 1998, No. 6696.

［141］ BLUNDELL R, GRIFFITH R, REENEN J V. Market share, market value and innovation in a panel of british manufacturing firms ［J］. The review of economic studies, 1999, 66 （3）: 529-554.

［142］ LOPEZ A L, VIVES X. Cross-ownership, R&D spillovers, and antitrust policy ［R］. CEPR Discussion Papers, 2016.

［143］ CETTE G, LOPEZ J, MAIRESSE J. Upstream product market regulations, ICT, R&D and productivity ［J］. Review of income and wealth, 2017, 63: S68-S89.

［144］ AAMIR R H. Competition and innovation: the inverted-U relationship revisited ［J］. Review of economics & statistics, 2013, 95 （5）: 1653-1688.

［145］ JEFFERSON G H, BAI H, GUAN X, et al. R&D performance in Chinese industry ［J］. Economics of innovation and new technology, 2006, 15 （4-5）: 345-366.

［146］ PENEDER M, WÖRTER M. Competition, R&D and innovation: testing the inverted-u in a simultaneous system ［J］. Journal of evolutionary economics, 2014, 24 （3）: 653-687.

［147］ 樊琦, 韩民春. 我国政府R&D投入、市场竞争与自主创新关系研究 ［J］. 中国科技论坛, 2011 （3）: 10-14.

［148］ 李健, 薛辉蓉, 潘镇. 制造业企业产品市场竞争、组织冗余与技术创新 ［J］. 中国经济问题, 2016 （2）: 112-125.

［149］ 徐晓萍, 张顺晨, 许庆. 市场竞争下国有企业与民营企业的创新性差异研究 ［J］. 财贸经济, 2017, 38 （2）: 141-155.

［150］ 孔令文, 徐长生, 易鸣. 市场竞争程度、需求规模与企业技术创新: 基于中国工业企业微观数据的研究 ［J］. 管理评论, 2022, 34 （1）: 118-129.

［151］ LU Y, NG T. Do imports spur incremental innovation in the south? ［J］. China economic review, 2012, 23 （4）: 819-832.

［152］AGHION P, HOWITT P. Revisting the relationship between competition, patenting and innovation ［J］. Adcances in economics and econometrics, 2013（6）: 451-455.

［153］LIU Q, LU R, LU Y, et al. Import competition and firm innovation: evidence from China ［J］. Journal of development economics, 2021（151）: 102650.

［154］BLOOM N, DRACA M, VAN R J. Trade induced technical change? The impact of Chinese imports on innovation, IT and productivity ［J］. The review of economic studies, 2016, 83（1）: 87-117.

［155］张辉, 吴唱唱, 王桂军. 进口竞争对本土企业创新的影响效应: 供给、需求双视角的机制研究 ［J］. 国际商务（对外经济贸易大学学报）, 2022（4）: 16-35.

［156］CHEN Z, ZHANG J, ZHENG W. Import and innovation: evidence from Chinese firms ［J］. European economic review, 2017, 94: 205-220.

［157］AUTOR D, DORN D, HANSON G H, et al. Foreign competition and domestic innovation: evidence from US patents ［J］. American economic review: insights, 2020, 2（3）: 357-374.

［158］卢昂荻, 丁思琪, 张可云, 等. 间接进口竞争、本地生产网络与企业创新 ［J］. 经济学家, 2022, 288（12）: 45-56.

［159］LIU Q, QIU L D. Intermediate input imports and innovations: evidence from Chinese firms' patent filings ［J］. Journal of international economics, 2016, 103: 166-183.

［160］LUONG H. MOSHIRIAN F, NGUYEN L, et al. How do foreign institutional investors enhance firm innovation? ［J］. Journal of financial and quantitative analysis, 2017, 52（4）: 1449-1490.

［161］AGHION P, REENEN J V, ZINGALES L. Innovation and institutional ownership ［J］. The American economic review, 2013, 103（1）: 277-304.

［162］许长新, 杨李华. 异质性视角下机构投资者影响企业创新的路径 ［J］. 金融经济学研究, 2018, 33（6）: 67-78.

［163］韦施威, 杜金岷, 吴文洋. 机构投资者如何影响企业创新: 兼论机构投资者与企业异质性 ［J］. 科技进步与对策, 2022, 39（1）: 30-38.

［164］GILLAN S L, STARKS L T, STARKS. Corporate governance, corporate ownership and the role of institutional investors: a global perspective [J]. Journal of applied finance, 2003, 13 (2): 4-22.

[165] 孔高文, 胡林峰, 孔东民, 等. 基金持股的创新偏好与基金业绩研究 [J]. 管理科学学报, 2019, 22 (12): 70-83.

[166] MANSO G. Motivating innovation [J]. The journal of finance, 2011, 66 (5): 1823-1860.

[167] 万赫, 彭秋萍, 钟熙. 机构投资者异质性、CEO 任期与企业突破式创新 [J]. 科技进步与对策, 2021, 38 (3): 88-95.

[168] 刘宁悦, 杨洋. 机构投资者异质性与企业自主创新 [J]. 科学决策, 2017, 244 (11): 54-77.

[169] 姜君臣, 王满, 马影. 异质机构投资者与企业创新能力: 基于境内外机构投资者的实证检验 [J]. 国际商务 (对外经济贸易大学学报), 2021, 200 (3): 142-156.

[170] ZHANG S, DONG L. Does VC spur regional innovation? [J]. Open journal of social sciences, 2016, 4 (4): 122-130.

[171] BARROT J N. Investor horizon and the life cycle of innovative firms: evidence from venture capital [J]. Management science, 2016, 63 (9): 3021-3043.

[172] SAFARI A. Worldwide venture capital, intellectual property rights, and innovation [J]. Industrial and corporate change, 2017, 26 (3): 485-515.

[173] DA RIN M, PENAS M F. Venture capital and innovation strategies [J]. Industrial and corporate change, 2017, 26 (5): 781-800.

[174] KALCHEVA I, MCLEMORE P, PANT S. Innovation: the interplay between demand-side shock and supply-side environment [J]. Research policy, 2018, 47 (2): 440-461.

[175] 宋竞, 胡顾妍, 何琪. 风险投资与企业技术创新: 产品市场竞争的调节作用 [J]. 管理评论, 2021, 33 (9): 77-88.

[176] 吴友, 董静. 风险投资与企业创新: 效果评估与机制验证 [J]. 上海经济研究, 2022, 403 (4): 112-128.

[177] DAI N. Does investor identity matter? An empirical examination of investments by venture capital funds and hedge funds in PIPEs [J]. Journal of corporate finance, 2007, 13 (4): 538-563.

［178］VANACKER T, COLLEWAERT V, PAELEMAN I. The relation-ship between slack resources and the performance of entrepreneurial firms: the role of venture capital and angel investors ［J］. Journal of management studies, 2013, 50 (6): 1070-1096.

［179］TIAN X, UDELL G F, YU X. Disciplining delegated monitors: when venture capitalists fail to prevent fraud by their IPO firms ［J］. Journal of accounting and economics, 2016, 61 (2-3): 526-544.

［180］李春涛, 宋敏, 张璇. 分析师跟踪与企业盈余管理: 来自中国上市公司的证据 ［J］. 金融研究, 2014, (7): 124-139.

［181］余明桂, 钟慧洁, 范蕊. 分析师关注与企业创新: 来自中国资本市场的经验证据 ［J］. 经济管理, 2017, 39 (3): 175-192.

［182］WOMACK K L. Do brokerage analysts' recommendations have in-vestment value? ［J］. The journal of finance, 1996, 51 (1): 137-167.

［183］FRANKEL R, LI X. Characteristics of a firm's information environ-ment and the information asymmetry between insiders and outsiders ［J］. Journal of accounting and economics, 2003, 37 (2): 229-259.

［184］HE J, TIAN X. The dark side of analyst coverage: the case of inno-vation ［J］. Journal of financial economics, 2013, 109 (3): 856-878.

［185］HONG H, LIM T, STEIN J C. Bad news travels slowly: size, ana-lyst coverage, and the profitability of momentum strategies ［J］. Journal of fi-nance, 2000 (1): 265-295.

［186］GRAHAM J R, HARVEY C R, RAJGOPAL S. The economic impli-cations of corporate financial reporting ［J］. Journal of accounting and econom-ics, 2005 (1-3): 3-73.

［187］韩美妮, 王福胜, 林翰. 分析师跟踪会促进企业技术创新吗?: 以中小板企业为例 ［J］. 审计与经济研究, 2021, 36 (4): 90-97.

［188］AUDRETSCH D, FELDMAN M. Small-firm strategic research part-nerships: the case of biotechnology ［J］. Technology analysis & strategic man-agement, 2003, 15 (2): 273-288.

［189］聂辉华, 谭松涛, 王宇锋. 创新、企业规模和市场竞争: 基于中国企业层面的面板数据分析 ［J］. 世界经济, 2008 (7): 57-66.

［190］董宁, 金祥荣. 企业规模与创新模式选择 ［J］. 财经问题研究,

2018, 417（8）：98-104.

［191］ZHANG A, ZHANG Y, ZHAO R. A study of the R&D efficiency and productivity of Chinese firms ［J］. Journal of comparative economics, 2003, 31（3）：444-464.

［192］李政, 陆寅宏. 国有企业真的缺乏创新能力吗：基于上市公司所有权性质与创新绩效的实证分析与比较 ［J］. 经济理论与经济管理, 2014（2）：27-38.

［193］QIAN Y, XU C. Innovation and bureaucracy under soft and hard budget constraints ［J］. Review of economic studies, 2010, 65（1）：151-164.

［194］肖仁桥, 王宗军, 钱丽. 我国不同性质企业技术创新效率及其影响因素研究：基于两阶段价值链的视角 ［J］. 管理工程学报, 2015, 29（2）：190-201.

［195］ESPOSITO E, MASTROIANNI M. Information technology and personal computers：the relational life cycle ［J］. Technovation, 2002, 22（1）：41-50.

［196］陈久美, 刘志迎. 基于产品生命周期的二元创新与商业模式动态匹配：多案例比较研究 ［J］. 管理案例研究与评论, 2018, 11（6）：592-611.

［197］黄隽, 宋文欣. 数字化转型、企业生命周期与突破性创新：来自中国上市公司的经验证据 ［J］. 上海经济研究, 2023, 412（1）：48-69.

［198］崔也光, 唐玮. 生命周期对 R&D 投入的影响：基于创新驱动视角 ［J］. 中央财经大学学报, 2015（9）：46-54.

［199］范永芳. 生命周期视角下企业创新战略模式选择 ［J］. 求索, 2011（4）：30-32.

［200］O'SULLIVAN M. The innovation enterprise and corporate governance ［J］. Cambridge journal of economics, 2000（24）：393-416.

［201］HAMBRICK D C. Upper echelons theory：an update ［J］. Academy of management review, 2007, 32（2）：334-343.

［202］虞义华, 赵奇锋, 鞠晓生. 发明家高管与企业创新 ［J］. 中国工业经济, 2018（3）：136-154.

［203］龚红, 彭玉瑶. 技术董事的专家效应、研发投入与创新绩效 ［J］. 中国软科学, 2021, 361（1）：127-135.

［204］杜龙政. 创新董事对企业创新能力的影响研究 ［J］. 科研管理, 2019, 40（12）：243-252.

［205］胡国柳，胡珺．董事高管责任保险与企业风险承担：理论路径与经验证据［J］．会计研究，2017（5）：40-46，96.

［206］周冬华，罗晟哲，赵玉洁．董事高管责任保险与企业创新［J］．科研管理，2022，43（4）：201-208.

［207］FRANCIS J, SMITH A. Agency costs and innovation：some empirical evidence［J］. Journal of accounting and economics, 1995（19）：383-409.

［208］汤业国．股权结构对技术创新投入的促进效应研究：来自中国中小上市公司的经验证据［J］．东岳论丛，2013，34（4）：105-109.

［209］ARUGASLAN O, COOK D O, KIESCHNICK R. On the decision to go public with dual class stock［J］. Journal of corporate finance, 2010, 16（2）：170-181.

［210］HOWELL J W. The survival of the US dual class share structure［J］. Journal of corporate finance, 2017, 44：440-450.

［211］杨青，高基乔．双层股权结构是否促进了企业创新？：来自在美上市中国企业的数据［J］．上海金融，2021（9）：64-79.

［212］SHORT H, KEASEY K. Managerial ownership and the performance of firms：evidence from the UK［J］. Journal of corporate finance, 1999, 5（1）：79-101.

［213］MCCONNELL J J, SERVAES H. Additional evidence on equity ownership and corporate value［J］. Journal of financial economics, 1990, 27（2）：595-612.

［214］赵世芳，江旭，应千伟，等．股权激励能抑制高管的急功近利倾向吗？：基于企业创新的视角［J］．南开管理评论，2020，23（6）：76-87.

［215］解维敏，张恒鑫．自主创新还是技术引进：业绩型股权激励与企业创新策略［J］．系统工程理论与实践，2023，43（1）：36-57.

［216］BARNEY J. Firm resources and sustained competitive advantage［J］. Journal of management, 1991, 17（1）：99-120.

［217］罗进辉，刘海潮，巫奕龙．高管团队稳定性与公司创新投入：有恒产者有恒心？［J/OL］．南开管理评论：1-25［2023-03-08］. http://kns. cnki.net/kcms/detail/12. 1288. F.20220120. 1622. 002. html.

［218］CARTER D A, D'SOUZA F, SIMKINS B J, et al. The gender and ethnic diversity of us boards committees and firm financial performance［J］. Corporate governance, 2010, 18 (5): 396-414.

[219] 曾萍, 邬绮虹. 女性高管参与对企业技术创新的影响: 基于创业板企业的实证研究 [J]. 科学学研究, 2012, 30 (5): 773-781.

[220] GALASSO A, SIMCOE T S. CEO overconfidence and innovation [J]. Management science, 2011 (57): 1469-1484.

[221] HIRSHLEIFER D, LOW A, TOEH S H. Are overconfident CEOs better innovators? [J]. The journal of finance, 2012, 67 (4): 1457-1498.

[222] TORCHIA C, GABALDON K. Women directors contribution to organizational innovation: a behavioral approach [J]. Scandinavian journal of management, 2018, 34 (2): 215-224.

[223] 郎香香, 尤丹丹. 管理者从军经历与企业研发投入 [J]. 科研管理, 2021, 42 (6): 166-175.

[224] 淦未宇, 刘曼. 海归高管与企业创新: 基于文化趋同的视角 [J]. 上海财经大学学报, 2022, 24 (1): 92-106.

[225] CUSTÓDIO C, METZGER D. Financial expert CEOs: CEO's work experience and firm's financial policies [J]. Journal of financial economics, 2014, 114 (1): 125-154.

[225] SUNDER J, SUNDER S, ZHANG J. Pilot CEOs and corporate innovation [J]. Journal of financial economics, 2017, 123 (1): 209-224.

[227] 周兰, 姚星齐, 刘泽华. CEO 财务经历与企业创新: 基于风险认知和融资能力的双重视角 [J]. 南方经济, 2021, 383 (8): 66-85.

[228] 余恕莲, 王藤燕. 高管专业技术背景与企业研发投入相关性研究 [J]. 经济与管理研究, 2014 (5): 14-22.

[229] 张琴. 技术背景 CEO、技术创新与企业绩效: 基于民营高科技企业的实证分析 [J]. 经济问题, 2018, 465 (5): 82-87.

[230] CAMPBELL E Q, ALEXANDER C N. Structural effects and interpersonal relationships [J]. American journal of sociology, 1965, 71 (3): 284-289.

[231] COHEN J M. Sources of peer group homogeneity [J]. Sociology of education, 1977, 50 (4): 227-241.

[232] KANDEL D B. Homophily, selection, and socialization in adolescent friendships [J]. American journal of sociology, 1978, 84 (2): 427-436.

[233] HALLINAN M T, WILLIAMS R A. Students' characteristics and the

peer-influence process [J]. Sociology of education, 1990, 63 (2): 122-132.

[234] DELAY D, HANISH L D, MARTIN C L, et al. Peer effects on head start children's preschool competency [J]. Developmental psychology, 2016, 52 (1): 58-70.

[235] SCHMIDT W E, TYLER J V. The "pinpointing effect" vs. the "diffusion effect" of peer influence [J]. Psychology in the schools, 1975, 12 (4): 484-494.

[236] 张敦力, 江新峰. 管理者权力、产权性质与企业投资同群效应 [J]. 中南财经政法大学学报, 2016, 218 (5): 82-90.

[237] 吴娜, 白雅馨, 安毅. 主动模仿还是被动反应: 商业信用同群效应研究 [J]. 南开管理评论, 2022, 25 (3): 149-161.

[238] 陆蓉, 常维. 近墨者黑: 上市公司违规行为的 "同群效应" [J]. 金融研究, 2018 (8): 172-189.

[239] TANG P, FU S, YANG S. Do peer firms affect corporate social performance? [J]. Journal of cleaner production, 2019, 239: Article-118080.

[240] 李志生, 苏诚, 李好, 等. 企业过度负债的地区同群效应 [J]. 金融研究, 2018 (9): 74-90.

[241] 原东良, 李建莹, 尚铎. 企业创新投资的城市同群效应研究 [J]. 审计与经济研究, 2022, 37 (2): 116-127.

[242] 刘喜和, 沈晶晶, 周妙雯. 非金融企业金融化的同群效应驱动因素研究 [J]. 现代财经 (天津财经大学学报), 2020, 40 (12): 50-63.

[243] FRACASSI C. Corporate finance policies and social networks [J]. Management science, 2017, 63 (8): 2420-2438.

[244] 陈运森, 郑登津. 董事网络关系、信息桥与投资趋同 [J]. 南开管理评论, 2017, 20 (3): 159-171.

[245] 陈庆江, 王彦萌, 万茂丰. 企业数字化转型的同群效应及其影响因素研究 [J]. 管理学报, 2021, 18 (5): 653-663.

[246] 孔德财, 姜艳萍. 考虑同群效应的双边匹配决策方法 [J]. 运筹与管理, 2016, 25 (4): 5-11.

[247] 江新峰, 张敦力. 官员激励与企业投资同群效应 [J]. 中南财经政法大学学报, 2018 (6): 62-71, 159.

[248] 陈红, 张聪. 我国经济政策不确定性对企业投资同群效应的影

响 [J]. 当代经济研究, 2020, 301 (9): 79-91.

[249] OHA K W, KIM H A. Are inflated domestic credit ratings relative to global ratings associated with peer firms' investment decisions? Evidence from Korea [J]. Japan and the world economy, 2019, 51: 1-12.

[250] 陆蓉, 王策, 邓鸣茂. 我国上市公司资本结构"同群效应"研究 [J]. 经济管理, 2017, 39 (1): 181-194.

[251] 钟田丽, 天宇. 我国企业资本结构决策行为的"同伴效应": 来自深沪两市 A 股上市公司面板数据的实证检验 [J]. 南开管理评论, 2017, 20 (2): 58-70.

[252] 连玉君, 彭镇, 蔡菁, 等. 经济周期下资本结构同群效应研究 [J]. 会计研究, 2020, 397 (11): 85-97.

[253] HE W, WANG Q. The peer effect of corporate financial decisions around split share structure reform in China [J]. Review of Financial Economics, 2020, 38 (3): 474-493.

[254] O' REILLY C A, MAIN B G, CRYSTAL G S. CEO compensation as tournament and social comparison: a tale of two theories [J]. Administrative science quarterly, 1988, 33 (2): 257-274.

[255] ALBUQUERQUE A. Peer firms in relative performance evaluation [J]. Journal of accounting and economics, 2009, 48 (1): 69-89.

[256] ALBUQUERQUE A, DE FRANCO G, VERDI R S. Peer choice in CEO compensation [J]. Journal of financial economics, 2013, 108 (1): 160-181.

[257] 潘子成. 高管薪酬存在同伴效应吗? [J]. 商业经济与管理, 2020, 343 (5): 62-76.

[258] POPADAK J A. Dividend payments as a response to peer influence [J]. SSRN working paper, 2012.

[259] 丁志国, 李泊祎. 上市公司股利政策的地区同群效应 [J]. 华南师范大学学报 (社会科学版), 2020 (3): 95-107, 192.

[260] GRENNAN J. Dividend payments as a response to peer influence [J]. Journal of financial economics, 2019, 131 (3): 549-570.

[261] SOE H. Peer effects in corporate disclosure decisions [J]. Journal of accounting and economics, 2021, 71 (1): 331-395.

[262] 王旭, 褚旭. 制造业企业绿色技术创新的同群效应研究: 基于

多层次情境的参照作用 [J]. 南开管理评论, 2022, 25 (2): 68-81.

[263] 杜勇, 刘婷婷. 企业金融化的同群效应: 基于连锁董事网络的研究 [J]. 财经科学, 2021 (4): 11-27.

[264] CAO J, LIANG H, ZHAN X T. Peer effects of corporate social responsibility [J]. Management science, 2019, 65 (12): 5487-5503.

[265] 吴言波, 邵云飞, 殷俊杰. 管理者注意力和外部知识搜索调节作用下失败学习对突破性创新的影响研究 [J]. 管理学报, 2021, 18 (9): 1344-1353.

[266] HAAS M R, CRISCUOLO P, GEORGE G. Which problem to solve? Online knowledge sharing and attention allocation in organizations [J]. Academy of management journal, 2015, 58 (3): 680-711.

[267] PEETERS C, POTTERIE B P. Innovation strategy and the patenting behavior of firms [J]. Journal of evolutionary economics, 2006, 16 (1-2): 109-135.

[268] THOMAS A B. Does leadership make a difference to organizational performance? [J]. Administrative science quarterly, 1988, 33 (3): 388-400.

[269] SIGUAW J A, SIMPSON P M, ENZ C A. Conceptualizing innovation orientation: a framework for study and integration of innovation research [J]. Journal of product innovation management, 2010, 23 (6): 556-574.

[270] MIRON E, EREZ M, NAVE E. Do personal characteristics and cultural values that promote innovation, quality, and efficiency compete or complement each other? [J]. Journal of organizational behavior, 2004, 25 (2): 175-199.

[271] ZAMMUTO R, O'CONNOR E. Gaining advanced manufacturing technologies benefits: the roles of organization design and culture [J]. Academy of management review, 1992, 17 (4): 701-728.

[272] VAN DE VEN A H. Central problems in the management of innovation [J]. Management science, 1986, 32 (5): 590-607.

[273] KAPLAN S, MURRAY F, HENDERSON R M. Discontinuities and senior management: assessing the role of recognition in pharmaceutical firm response to biotechnology [J]. Industrial and corporate change, 2003, 12 (2): 203-233.

[274] 吴建祖, 肖书锋. 创新注意力转移、研发投入跳跃与企业绩效:

来自中国 A 股上市公司的经验证据［J］.南开管理评论, 2016, 19（2）: 182-192.

［275］王则仁, 刘志雄.环境不确定性对软件与信息技术服务企业创新绩效的影响: 创新注意力的中介作用和政府补助的调节作用［J］.科技进步与对策, 2021, 38（15）: 82-89.

［276］LIN N, ENSEL W M, VAUGHN J C. Social resources and strength of ties: structural factors in occupational status attainment［J］. American sociological review, 1981, 46: 393-405.

［277］HWANG B H, KIM S. It pays to have friends［J］. Journal of financial economics, 2009, 93（1）: 138-158.

［278］COHEN L, FRAZZINI A, MALLOY C. Sell-side school ties［J］. The journal of finance, 2010, 65（4）: 1409-1437.

［279］SHUE K. Executive networks and firm policies: evidence from the random assignment of MBA peers［J］. Review of financial studies, 2013, 26（6）: 1401-1442.

［280］ISHII J, XUAN Y. Acquirer-target social ties and merger outcomes［J］. Journal of financial economics, 2014, 112（3）: 344-363.

［281］CHANG C H, WU Q. Board networks and corporate innovation［J］. Management science, 2021, 67（6）: 3618-3654.

［282］蒋德权, 章贵桥, 俞俊利.高管网络、产权性质与企业投资效率［J］.山西财经大学学报, 2016, 38（10）: 75-88.

［283］LARCKER D F, SO E C, WANG C C Y. Boardroom centrality and firm performance［J］. Journal of accounting and economics, 2013, 55（2-3）: 225-250.

［284］FENG Y, SONG K, TIAN Y S. Director networks and initial public offerings［J］. Journal of banking and finance, 2019, 106（9）: 246-264.

［285］CHEN Y. Directors' social networks and firm efficiency: a structural embeddedness perspective［J］. China journal of accounting studies, 2014, 2（1）: 53-73.

［286］陈运森.社会网络与企业效率: 基于结构洞位置的证据［J］.会计研究, 2015（1）: 48-55+97.

［287］周雪峰, 李珍珠, 王红建.董事网络位置对企业创新投资的影响:

风险承担的遮掩和中介效应 [J]. 研究与发展管理, 2021, 33 (2): 53-66.

[288] 李明昕, 罗强. 复杂高管网络与企业科技创新: 来自中国上市公司的经验证据 [J]. 科学管理研究, 2021, 39 (5): 123-128.

[289] CAI Y, SEVILIR M. Board connections and M&A transactions [J]. Journal of financial economics, 2012, 103 (2): 327-349.

[290] 陈仕华, 姜广省, 卢昌崇. 董事联结、目标公司选择与并购绩效: 基于并购双方之间信息不对称的研究视角 [J]. 管理世界, 2013 (12): 117-132, 187-188.

[291] 吴成颂, 程茹枫. 董事网络与制造业企业高质量发展: 基于金融发展门槛效应的实证分析 [J]. 安徽大学学报 (哲学社会科学版), 2021, 45 (4): 144-156.

[292] BROWN J L, DRAKE K D. Network ties among low-tax firms [J]. The accounting review, 2014, 89 (2): 483-510.

[293] 王营, 曹廷求. 董事网络与融资约束: 信息效应和资源效应 [J]. 中南财经政法大学学报, 2017 (1): 83-93, 159.

[294] 刘静, 王克敏. 同群效应与公司研发: 来自中国的证据 [J]. 经济理论与经济管理, 2018 (1): 21-32.

[295] COHEN L, FRAZZINI A, MALLOY C J. The small world of investing: board connections and mutual fund returns [J]. Journal of political economy, 2008, 116 (5): 951-979.

[296] FAIRHURST D, NAM Y. Corporate governance and financial peer effects [R]. Working paper, 2018.

[297] LI V. Do false financial statements distort peer firms' decisions? [J]. Accounting review, 2016, 91 (1): 251-278.

[298] 方军雄. 企业投资决策趋同: 羊群效应抑或 "潮涌现象"? [J]. 财经研究, 2012, 38 (11): 92-102.

[299] 石桂峰. 地方政府干预与企业投资的同伴效应 [J]. 财经研究, 2015, 41 (12): 84-94, 106.

[300] BLOOM N, SCHANKERMAN M, REENEN J V. Identifying technology spillovers and product market rivalry [J]. Econometrica, 2013, 81 (4): 1347-1393.

[301] QIU J, WAN C. Technology spillovers and corporate cash holdings

[J]. Journal of financial economics, 2015, 115（3）：558-573.

[302] 孙晓华, 李明珊. 研发投资：企业行为, 还是行业特征？[J]. 科学学研究, 2014, 32（5）：724-734.

[303] TARDE G. The laws of imitation [M]. New York：Henry Holt, 1903.

[304] ROGERS E M. Diffusion of innovations, 5th edn. [M]. New York：The Free Press, 2003.

[305] 王疆. 组织间模仿、环境不确定性与区位选择：以中国企业对美国直接投资为例 [J]. 管理学报, 2014, 11（12）：1775-1781.

[306] STONEMAN P. The economic analysis of technological change [M]. Oxford：Oxford University Press, 1983.

[307] MANSFIELD E. How rapidly does new industrial technology leak out？[J]. Journal of industrial economics, 1985, 34（2）：217-223.

[308] KEDIA S, KOH K, RAJGOPAL S. Evidence on contagion in earnings management [J]. Accounting review, 2015, 90（6）：2337-2373.

[309] 江新峰, 张敦力. 产业政策：一视同仁还是厚此薄彼：来自企业投资同群效应的证据 [J]. 财贸研究, 2019, 30（3）：15-30.

[310] XIONG H, PAYNE D, KINSELLA S. Peer effects in the diffusion of innovations：theory and simulation [J]. Journal of behavioral and experimental Economics, 2016, 63：1-13.

[311] JAFFE A B, LERNER J. Reinventing public R&D：patent policy and the commercialization of national laboratory technologies [J]. The rand journal of economy, 2001, 32（1）：167-199.

[312] MARCH J G, SPROULL L S, TAMUZ M. Learning from samples of one or fewer [J]. Organization science, 1991, 2（1）：1-13.

[313] KIM J, LEE S J, MARSCHKE G. Relation of firm size to R&D productivity[J]. International journal of business and economics, 2009, 8(1)：7-19.

[314] KOBERG C S, DETIENNE D R, HEPPARD K A. An empirical test of environmental, organizational, and process factors affecting incremental and radical innovation [J]. Journal of high technology management research, 2003, 14（1）：21-45.

[315] COCKBURN I M, HENDERSON R M. Scale and scope in drug development：unpacking the advantages of size in pharmaceutical research [J].

Journal of health economics, 2001, 20 (6): 1033-1057.

[316] MATTHIAS KRÄKEL. Peer effects and incentives [J]. Games and economic behavior, 2016, 97: 120-127.

[317] 张秋萍, 盛宇华, 陈加伟. 董事长—TMT 垂直对差异与创新投资关系研究: 市场化与产权性质的作用 [J]. 科学学与科学技术管理, 2018, 39 (10): 138-156.

[318] 李健, 曹文文, 乔媳, 等. 经营期望落差、风险承担水平与创新可持续性: 民营企业与非民营企业的比较研究 [J]. 中国软科学, 2018 (2): 140-148.

[319] 杨兴全, 李万利, 韩建强. 产品市场竞争与现金持有创新平滑效应: 基于融资约束和产权性质视角的实证研究 [J]. 软科学, 2016, 30 (5): 82-86.

[320] 张兆国, 刘亚伟, 杨清香. 管理者任期、晋升激励与研发投资研究 [J]. 会计研究, 2014 (9): 81-88, 97.

[321] AHERN K R, DUCHIN R, SHUMWAY T. Peer effects in risk aversion and trust [J]. Review of financial studies, 2014, 27 (11): 3213-3240.

[322] 王楠, 苏杰, 黄静. CEO 权力异质性视角下政府资助对创业板企业研发投入的影响研究 [J]. 管理学报, 2017, 14 (8): 1199-1207.

[323] 杨柳青, 梁巧转, 康华. 基于企业特征调节效应的国家创新体系与企业研发投入研究 [J]. 管理学报, 2016, 13 (5): 707-714.

[324] 曹婷, 李婉丽. 投资组合网络、竞争性网络联结与技术创新 [J]. 经济管理, 2020, 42 (2): 58-74.

[325] KUMAR P, LI D. Capital investment, innovative capacity, and stock returns [J]. The journal of finance, 2016, 71 (5): 2059-2094.

[326] 李姝, 杜亚光, 张晓哲. 同行 MD&A 语调对企业创新投资的溢出效应 [J]. 中国工业经济, 2021 (3): 137-155.

[327] DONG M, HIRSHLEIFER D A, TEOH S H. Stock market overvaluation, moon shots, and corporate innovation [J]. SSRN electronic journal, 2016.

[328] 吴璇, 田高良, 李玥婷, 等. 经营信息披露与股票收益联动: 基于财务报告文本附注的分析[J]. 南开管理评论, 2019, 22 (3): 173-186, 224.

[329] 狄灵瑜, 步丹璐. 混合所有制改革制度背景下异质性大股东对企业创新投入的影响: 基于国有企业和非国有企业的比较分析 [J]. 研究

与发展管理，2021，33（4）：152-168.

［330］柳学信，张宇霖.政府政策偏向、层级冲突与企业创新投入［J］.中国科技论坛，2020（10）：56-65.

［331］OUIMET P, TATE G A. Learning from coworkers: peer effects on individual investment decisions［J］. The journal of finance, 2020, 75（1）: 133-172.

［332］PATEL J, ZECKHAUSER R, HENDRICKS D. The rationality struggle: illustrations from financial markets［J］. American economic review, 1991, 81（2）: 232-236.

［333］ELLIS J A, FEE C E, THOMAS S E. Proprietary costs and the disclosure of information about customers［J］. Journal of accounting research, 2012, 50（3）: 685-727.

［334］邓超，彭斌.实体企业金融化行为与信息披露质量关系的研究［J］.财经理论与实践，2021，42（3）：110-117.

［335］曾江洪，马润泽.R&D投入对创业企业IPO抑价的影响：信息披露质量的调节［J］.软科学，2021，35（10）：15-21.

［336］李佳宁，钟田丽.企业投资决策趋同："羊群效应"抑或"同伴效应"？：来自中国非金融上市公司的面板数据［J］.中国软科学，2020（1）：128-142.

［337］石磊，陈乐一，李玉双.区域经济增长的同群效应：来自中国城市数据的经验证据［J］.地理研究，2020，39（04）：853-864.

［338］BIKHCHANDANI S, HIRSHLEIFER D, WELCH I. Learning from the behavior of others: conformity, fads and informational cascades［J］. Journal of economic perspectives, 1998, 12（3）: 151-170.

［339］SCHARFSTEIN D S, STEIN J C. Herd behavior and investment［J］. The American economic review, 1990, 80（3）: 465-479.

［340］皮圣雷.动态竞争理论研究视角与路径演进综述［J］.外国经济与管理，2014，36（9）：12-19，51.

［341］SHEPHERD D A, MCMULLEN J S, OCASIO W. Is that an opportunity? An attention model of top managers' opportunity beliefs for strategic action［J］. Strategic management journal, 2017, 38（3）: 5083-5094.

［342］KAPLAN S. Research in cognition and strategy: reflections on two decades of progress and a look to the future［J］. Journal of management studies,

, 48（3）：665-695.

［343］吕荣杰，张思佳，吴超. 高管团队注意力对企业技术获取模式的影响：基于智能制造视角［J］. 科技管理研究，2020，40（8）：166-175.

［344］DEMERJIAN P R, LEV B, LEWIS M F. Managerial ability and earnings quality［J］. The Accounting review, 2013, 88（2）：463-398.

［345］DEMERJIAN P R, LEV B, MCVAY S. Quantifying managerial ability：a new measure and validity tests［J］. Management science, 2012, 58（7）：1229-1248.

［346］肖明月，郑亚莉，张海燕. 管理者能力与企业技术创新：异质性、机制识别与市场价值效应［J］. 社会科学战线，2022，323（5）：64-72.

［347］花俊国，孔儒婧，孙抗，等. 企业创新投资同群效应：基于管理者能力视角［J］. 软科学，2021，35（9）：131-138.

［348］陈守明，唐滨琪. 高管认知与企业创新投入：管理自由度的调节作用［J］. 科学学研究，2012，30（11）：1723-1734.

［349］RECHNER P L, DALTON D R. CEO duality and organizational performance：a longitudinal analysis［J］. Strategic management journal, 1991, 12（2）：155-160.

［350］杜瑞，李延喜. 企业研发活动与盈余管理：微观企业对宏观产业政策的适应性行为［J］. 科研管理，2018，39（3）：122-131.

［351］刘柏，王馨竹. 企业创新成果与创新质量的驱动因素研究：基于同群和竞争的视角［J］. 宏观质量研究，2021，9（2）：43-58.

［352］王侃. 模仿、资源异质性与新创企业投资决策［J］. 南方经济，2014（11）：67-77.

［353］张杰，郑文平，翟福昕. 竞争如何影响创新：中国情景的新检验［J］. 中国工业经济，2014（11）：56-68.

［354］BARNETT W P, HANSEN M T. The red queen in organizational evolution［J］. Strategic management journal, 1996, 17（S1）：139-157.

［355］GIMENO J, HOSKISSON R E, BEAL B D, et al. Explaining the clustering of international expansion moves：a critical test in the US telecommunications industry［J］. Academy of management journal, 2005, 48（2）：297-319.

［356］乔翠霞，杨晨曦. 制造业技术创新策略：技术水平与技术来源选择［J］. 科技进步与对策，2022，39（6）：72-81.

［357］董景荣，刘冬冬，王亚飞.装备制造业技术进步路径选择：理论分析与实证研究［J］.科技进步与对策，2015，32（23）：49-53.

［358］曾江洪，于彩云，李佳威，等.高科技企业研发投入同群效应研究：环境不确定性、知识产权保护的调节作用［J］.科技进步与对策，2020，37（2）：98-105.

［359］诸竹君，黄先海，余骁.进口中间品质量、自主创新与企业出口国内增加值率［J］.中国工业经济，2018（8）：116-134.

［360］方红星，严苏艳.客户集中度与企业创新［J］.科研管理，2020，41（5）：182-190.

［361］许长新，赵梦琼.家族代际差异与企业创新投资决策的关系研究［J］.科研管理，2019，40（12）：282-291.

［362］左晶晶，唐跃军，眭悦.第二类代理问题、大股东制衡与公司创新投资［J］.财经研究，2013，39（4）：38-47.

［363］龚光明，曾照存.公司特有风险、管理者风险特质与企业投资效率：来自中国上市公司的经验数据［J］.经济与管理研究，2013（11）：67-75.

［364］鞠晓生.中国上市企业创新投资的融资来源与平滑机制［J］.世界经济，2013，36（4）：138-159.

［365］简泽.银行债权治理、管理者偏好与国有企业的绩效［J］.金融研究，2013（1）：135-148.

［366］邱浩政.量化研究法（一）：研究设计与资料处理［M］.台北：双叶书廊，2005.

［367］MACKINNON D P，LOCKWOOD C M，WILLIAMS J. Confidence limits for the indirect effect：distribution of the product and resampling methods［J］. Multivariate behavioral research，2004，39（1）：99-128.

［368］李春红，王苑萍，郑志丹.双重委托代理对上市公司过度投资的影响路径分析：基于异质性双边随机边界模型［J］.中国管理科学，2014，22（11）：131-139.

［369］戴璐，林黛西，陈占燎.员工持股计划中的高管认购研究［J］.会计研究，2021（5）：148-161.

［370］彭红星，毛新述.政府创新补贴、公司高管背景与研发投入：来自我国高科技行业的经验证据［J］.财贸经济，2017，38（3）：147-161.

［371］BARON R M, KENNY D A. The moderator-mediator variable distinction in social psychological research: conceptual, strategic, and statistical considerations ［J］. Journal of personality and social psychology, 1986, 51 (6): 1173-1182.

［372］STEVENS R, MORAY N, BRUNEEL J, et al. Attention allocation to multiple goals: the case of for-profit social enterprises ［J］. Strategic management journal, 2015, 36 (7): 1006-1016.

［373］李岩琼, 姚颐. 研发文本信息: 真的多说无益吗?: 基于分析师预测的文本分析 ［J］. 会计研究, 2020 (2): 26-42.

［374］MUSLU V, RADHAKRISHNAN S, SUBRAMANYAM K R, et al. Forward-looking MD&A disclosures and the information environment ［J］. Management science, 2015, 61 (5): 931-948.

［375］MERKLEY K J. Narrative disclosure and earnings performance: evidence from R&D disclosures ［J］. Accounting review, 2014, 89 (2): 725-757.

［376］AN H, CHEN Y, LUO D, et al. Political uncertainty and corporate investment: evidence from China ［J］. Journal of corporate finance, 2016, 36: 174-189.

［377］LIEBERMAN M B, ASABA S. Why do firms imitate each other? ［J］. The academy of management review, 2006, 31 (2): 366-385.

［378］潘越, 汤旭东, 宁博, 等. 连锁股东与企业投资效率: 治理协同还是竞争合谋 ［J］. 中国工业经济, 2020 (2): 136-164.

［379］段海艳. 连锁董事、组织冗余与企业创新绩效关系研究 ［J］. 科学学研究, 2012, 30 (4): 631-640.

［380］CAMPELLO M, GIAMBONA E, GRAHAM J R, et al. Access to liquidity and corporate investment in Europe during the financial crisis ［J］. Review of financial studies, 2011, 16 (2): 323-346.

［381］PFEFFER J, SALANCIK G R. The external control of organizations: a resource dependence perspective ［M］. Harper & Row, 1978.

［382］王营, 张光利. 董事网络和企业创新: 引资与引智 ［J］. 金融研究, 2018 (6): 189-206.

［383］张红娟, 谭劲松. 联盟网络与企业创新绩效: 跨层次分析 ［J］. 管理世界, 2014 (3): 163-169.

［384］GILSING V, NOOTEBOOM B. Density and strength of ties in inno-vation networks: an analysis of multimedia and biotechnology ［J］. European management review, 2005, 2 (3): 179-197.

［385］HE J J, HUANG J. Product market competition in a world of cross-ownership: evidence from institutional blockholdings ［J］. Review of financial studies, 2017, 30 (8): 674-718.

［386］BOLTON P, HARRIS C. Strategic experimentation ［J］. Economet-rica, 1999, 67 (2): 349-74.

［387］严苏艳. 共有股东与企业创新投入 ［J］. 审计与经济研究, 2019, 34 (5): 85-95.

［388］王会娟, 余梦霞, 张路, 等. 校友关系与企业创新: 基于 PE 管理人和高管的关系视角 ［J］. 会计研究, 2020 (3): 78-94.

［389］申宇, 赵静梅, 何欣. 校友关系网络、基金投资业绩与"小圈子"效应 ［J］. 经济学 (季刊), 2016, 15 (1): 403-428.

［390］GOMPERS P A, MUKHARLYAMOV V, XUAN Y. The cost of friendship ［J］. Journal of financial economics, 2016, 119 (3): 626-644.

［391］姜永志, 张海钟, 张鹏英. 中国老乡心理效应的理论探索与实证研究 ［J］. 心理科学进展, 2012, 20 (8): 1237-1242.

［392］TAJFEL H. Social psychology of intergroup relations ［J］. Annual Review of Psychology, 2003, 33 (1): 1-39.

［393］晏国菀, 罗贝贝, 陈帅弟, 等. 并购双方 CEO 的老乡关系与并购行为 ［J］. 外国经济与管理, 2022, 44 (3): 69-87.

［394］倪娟, 彭凯, 胡熠. 连锁董事的"社会人"角色与企业债务成本 ［J］. 中国软科学, 2019 (2): 93-109.

［395］张兆国, 曹丹婷, 张弛. 高管团队稳定性会影响企业技术创新绩效吗?: 基于薪酬激励和社会关系的调节作用研究 ［J］. 会计研究, 2018 (12): 48-55.

［396］于剑乔, 罗婷. 高管校友关系与业绩预测披露行为 ［J］. 会计研究, 2021, 400 (2): 72-85.

［397］温忠麟, 叶宝娟. 有调节的中介模型检验方法: 竞争还是替补? ［J］. 心理学报, 2014, 46 (5): 714-726.

［398］刘新民, 傅晓晖, 王垒. 机会主义与利己主义: 连锁董事网络代

理人利益保护问题研究 ［J］. 现代财经 （天津财经大学学报），2018，38 （2）：73-90.

［399］徐成凯，金宇，富钰媛. 私募股权投资与企业研发操纵：监督还是合谋：基于高技术企业的实证分析 ［J］. 山西财经大学学报，2020，42 （8）：114-125.

［400］王磊，胡纯华，孔东民. 财务舞弊、行业特征与公司投资 "同伴效应" ［J］. 外国经济与管理，2018，40 （12）：125-137.

［401］周建，秦蓉，王顺昊. 高层管理者创新经验、情境差异与企业创新 ［J］. 科学学与科学技术管理，2021，42 （5）：118-141.

［402］陈子凤，官建成. 国际专利合作和引用对创新绩效的影响研究 ［J］. 科研管理，2014，35 （3）：35-42.

［403］赵胜超，曾德明，罗侦. 产学研科学与技术合作对企业创新的影响研究：基于数量与质量视角 ［J］. 科学学与科学技术管理，2020，41 （1）：33-48.

［404］SZÜCS F. Research subsidies，industry-university cooperation and innovation ［J］. Research policy，2018，47 （7）：1256-1266.

［405］QUINTANA-GARCÍA C，BENAVIDES-VELASCO C A. Innovative competence，exploration and exploitation：the influence of technological diversification ［J］. Research policy，2008，37 （3）：492-507.

［406］张燕，邓峰，卓乘风. 产业政策对创新数量与质量的影响效应 ［J］. 宏观质量研究，2022，10 （3）：63-78.

［407］杨亭亭，罗连化，许伯桐. 政府补贴的技术创新效应："量变" 还是 "质变"？［J］. 中国软科学，2018（10）：52-61.

［408］刘诗源，林志帆，冷志鹏. 税收激励提高企业创新水平了吗？：基于企业生命周期理论的检验 ［J］. 经济研究，2020，55 （6）：105-121.

［409］陈强远，林思彤，张醒. 中国技术创新激励政策：激励了数量还是质量 ［J］. 中国工业经济，2020（4）：79-96.

［410］宋广蕊，马春爱，肖榕. 同群效应下企业创新投资行为传递路径研究 ［J］. 科研管理，2021，42 （7）：179-188.

［411］CHEN M J，SMITH K G，GRIMM C M. Action characteristics as predictors of competitive responses ［J］. Management science，1992，38 （3）：439-455.

［412］LIEBERNAN M B, ASABA S. Why do firms imitate each other? ［J］Academy of management review, 2006, 31 （2）: 366-385.

［413］SCHERER F M. Firm size, market structure, opportunity, and the output of patented inventions ［J］. American economic review, 1965, 55 （5）: 1097-1125.

［414］LINK A N, SCOTT J T. Propensity to patent and firm size for small R&D-intensive firms ［J］. UNCG economics working papers, 2018, 52 （4）: 561-587.

［415］WERNERFELT B. A resource-based view of the firm ［J］. Strategic management journal, 1984, 5 （2）: 171-180.

［416］BARNEY J B, KETCHEN D J, WRIGHT M. The future of resource-based theory: revitalization or decline ［J］. Journal of management, 2011, 37 （5）: 1299-1315.

［417］陈战光, 李广威, 梁田, 等. 研发投入、知识产权保护与企业创新质量 ［J］. 科技进步与对策, 2020, 37 （10）: 108-117.

［418］CHIPIKA S, WILSON G. Enabling technological learning among light engineering SMEs in Zimbabwe through networking ［J］. Technovation, 2006, 26 （8）: 969-979.

［419］陆国庆, 王舟, 张春宇. 中国战略性新兴产业政府创新补贴的绩效研究 ［J］. 经济研究, 2014, 49 （7）: 44-55.

［420］HALL B H. The financing of research and development ［J］. Oxford review of economic policy, 2002, 18 （1）: 35-51.

［421］于海云, 赵增耀, 李晓钟. 民营企业创新绩效影响因素研究: 企业家信心的研究视角 ［J］. 科研管理, 2013, 34 （9）: 97-104.

［422］孙自愿, 周翼强, 章砚. 竞争还是普惠?: 政府激励政策选择与企业创新迎合倾向政策约束 ［J］. 会计研究, 2021 （7）: 99-112.

［423］AKCIGIT U, BASLANDZE S, STANTCHEVA S. Taxation and the international mobility of inventors? ［J］. American economic review, 2016, 106 （10）: 2930-3981.

［424］张杰, 郑文平. 创新追赶战略抑制了中国专利质量么? ［J］. 经济研究, 2018, 53 （5）: 28-41.

［425］许年行, 于上尧, 伊志宏. 机构投资者羊群行为与股价崩盘风险

[J]. 管理世界, 2013 (7): 31-43.

[426] 吴蝶, 朱淑珍. 企业环境信息披露的同群效应研究 [J]. 预测, 2021, 40 (1): 9-16.

[427] 黎文靖, 郑曼妮. 实质性创新还是策略性创新?: 宏观产业政策对微观企业创新的影响 [J]. 经济研究, 2016, 51 (4): 60-73.

[428] 李姝, 李丹. 非国有股东董事会权力能促进国企创新吗? [J]. 外国经济与管理, 2022, 44 (4): 65-80.

[429] 孟庆斌, 李昕宇, 张鹏. 员工持股计划能够促进企业创新吗?: 基于企业员工视角的经验证据 [J]. 管理世界, 2019, 35 (11): 209-228.

[430] 郭玥. 政府创新补助的信号传递机制与企业创新 [J]. 中国工业经济, 2018 (9): 98-116.

[431] 魏志华, 朱彩云. 超额商誉是否成为企业经营负担: 基于产品市场竞争能力视角的解释 [J]. 中国工业经济, 2019 (11): 174-192.

[432] 陈文俊, 彭有为, 胡心怡. 战略性新兴产业政策是否提升了创新绩效 [J]. 科研管理, 2020, 41 (1): 22-34.

[433] 罗党论, 廖俊平, 王珏. 地方官员变更与企业风险: 基于中国上市公司的经验证据 [J]. 经济研究, 2016, 51 (5): 130-142.

[434] BAKER S R, BLOOM N, DAVIS S J. Measuring economic policy uncertainty [J]. Quarterly journal of economics, 2016, 131 (4): 1593-1636.

[435] 张峰, 刘曦苑, 武立东, 等. 产品创新还是服务转型: 经济政策不确定性与制造业创新选择 [J]. 中国工业经济, 2019 (7): 101-118.